CATALOGUE

	Pages.
Notice sur Desperet.	5
Écoles italiennes.	11
Écoles allemande, flamande et hollandaise.	31
École française.	50
Dessins modernes.	73
Dessins en lots.	77
Estampes anciennes.	87
Portraits.	109
Estampes de l'école française du xviiie siècle.	110
Lithographies et Eaux-fortes.	115

Les attributions données aux noms des artistes, par M. Desperet, ont été conservées.

ORDRE DES VACATIONS :

DESSINS.

Première vacation, mercredi 7 juin 1865. — Nos 1 à 140-563 à 584.
Deuxième vacation, jeudi 8 juin 1865. — Nos 141 à 282-585 à 605.
Troisième vacation, vendredi 9 juin 1865. — Nos 283 à 425-606 à 627.
Quatrième vacation, samedi 10 juin 1865. — Nos 426 à 562-628 à 647.

ESTAMPES ET LITHOGRAPHIES.

Première vacation, lundi 12 juin 1865. — Nos 1 à 157.
Deuxième vacation, mardi 13 juin 1865. — Nos 158 à la fin.

CONDITIONS DE LA VENTE :

Elle sera faite au comptant; les acquéreurs payeront cinq pour cent en sus des enchères, applicables aux frais.

L'expert aura la faculté de diviser les lots.

CATALOGUE

DE

DESSINS ANCIENS

ET

DE QUELQUES MODERNES

ESTAMPES ANCIENNES, LITHOGRAPHIES

PROVENANT DE LA COLLECTION

DE FEU M. DESPERET

DONT LA VENTE AUX ENCHÈRES PUBLIQUES AURA LIEU
PAR SUITE DE SON DÉCÈS

HOTEL DES COMMISSAIRES-PRISEURS
Rue Drouot, n° 5

SALLE N° 3

Dessins

Les mercredi 7, jeudi 8, vendredi 9 & samedi 10 juin 1865, à 1 heure.

SALLE N° 6

Gravures & Lithographies

Les lundi 12 & mardi 13 juin 1865, à 1 heure.

Me DELBERGUE-CORMONT, *Commissaire-Priseur*
Rue de Provence, 8.

Assisté de M. CLÉMENT
Marchand d'estampes de la Bibliothèque impériale
Rue des Saints-Pères, 3, chez lesquels se distribue le Catalogue.

EXPOSITION PUBLIQUE
Le Mardi 6 juin 1865
DE 1 HEURE A 5 HEURES

Desperet, né à Lyon en 1804, vint à Paris à l'âge de dix-sept ou dix-huit ans, & entra dans l'atelier de M. Lethière.

Doué d'une nature douce, quoique d'une volonté tenace, mais timide & modeste à l'excès, Desperet, dès les débuts de la carrière, se persuada qu'il manquait des qualités nécessaires pour arriver jamais au talent tel qu'il le comprenait. Pénétré de cette idée, qui était devenue pour lui une conviction, & doué d'un amour très-vif, quoique concentré, pour l'art, il n'eut plus qu'un seul but, celui de réunir autour de lui tout ce qu'il pourrait rencontrer de beau dans le domaine des arts. Aussi, encore à l'école, chez M. Lethière, avec les faibles ressources que lui procurait une famille obscure, lui, pauvre enfant presque abandonné, trouvait-il moyen de commencer une collection de dessins qui devait un jour, à l'aide de bien des efforts & de beaucoup de sacrifices, devenir l'une des plus belles & des plus variées de cette époque.

Lorsque l'école de David régnait d'une manière absolue, les écoles du siècle dernier étaient tout à fait dépréciées ; on conçoit alors comment le jeune amateur put, à cette époque, se procurer à bas prix & dans les conditions les plus modestes, des originaux de Watteau, de Boucher & de Lancret; ce fut ainsi que commença la collection de Desperet. Mais qu'était-ce pour lui, qui, doué du sentiment élevé du beau, visait déjà aux œuvres des grandes écoles d'Italie!... Quels désirs, quels regrets, lorsqu'il voyait mettre en vente, à des prix qu'il ne pouvait atteindre, des dessins de Léonard, de Raphaël, d'André del Sarte, du Corrége & du Titien ! Le pauvre jeune homme aurait donné la moitié de son sang pour posséder de pareils chefs-d'œuvre!

Ce fut alors que, faisant abnégation entière de sa propre individualité, il résolut de se mettre au service de tous ceux de ses confrères qui auraient besoin d'un aide. Dans cette disposition d'esprit, il fit la rencontre de Grandville qui, lui reconnaissant le mérite de l'exactitude & de la précision, l'employa à mettre sur bois la plus grande partie de ses dessins. Dès ce moment, Desperet se fit l'esclave, devint en quelque sorte la chose de Grandville, d'abord parce qu'il aimait sa manière de dessiner, mais aussi, & surtout, pour trouver les moyens de joindre à sa collection naissante les dessins des plus grands maîtres. Pour arriver à ce but, rien ne lui coûtait; il se refusait souvent le nécessaire, travaillait sans feu par les temps les plus rigoureux, & s'imposait mille privations de tout genre.

Pourtant, il ne faudrait pas croire que cette persévérance fût simplement chez Desperet celle du collectionneur; c'était l'art, l'art lui-même qu'il adorait en secret, car lorsque l'étoile de M. Ingres se leva en France, Desperet fut un des premiers à se ranger sous la discipline d'un maître qui, à son avis, avait seul conservé les traditions des grandes écoles. Il n'en parlait jamais qu'avec une admiration profonde; & sans doute que le maître savait aussi de son côté apprécier l'élève, puisqu'il lui fit don de sa médaille & le choisit plusieurs fois pour mettre sur bois quelques-unes de ses œuvres. Toutefois, cette estime du maître pour l'élève ne pouvait rien contre l'envahissement du genre facile & de mauvais goût qui menaçait déjà les œuvres d'illustration, seule ressource de Desperet.

Grandville venait de mourir; la collection du pauvre amant de l'art s'était largement accrue pendant tout le temps qu'il avait travaillé pour le spirituel illustrateur; mais, habitué qu'il était à la manière précise, correcte & un peu sèche de Grandville, Desperet comprit la perte qu'il venait de faire & combien il lui serait difficile de retrouver d'aussi bonnes conditions d'existence. Toutefois, soutenu vers le but qu'il s'était assigné par un courage qui ne faiblissait pas, il alla offrir ses services à la chalcographie du Louvre, & fut employé en sous-œuvre par des artistes chargés de faire des *fac-simile* d'après les dessins des grands maîtres. Il travailla plus particulièrement aux eaux-fortes de M. Leroy, & quelquefois à celles de Butavant; puis il fut personnellement chargé de faire un *fac-simile* de l'étude de saint Joseph, dessin d'André del Sarte pour la fresque connue sous le nom de *la Madona del Sacco*, travail qu'il exécuta en homme qui connaissait & appréciait la grande manière des maîtres. Mais enfin ces travaux vinrent à cesser, &, avec eux, le bonheur de vivre au milieu d'œuvres bien-aimées. Il fallut avoir recours au commerce, & c'est alors que, malgré ses aspirations pour le beau, malgré son aversion pour la fantaisie & *le chic*, le pauvre Desperet alla se mettre au service d'artistes à la mode, chez lesquels une sorte de brio & de crânerie toujours dénués de science & souvent de sens commun, avaient remplacé pour le public les recherches studieuses & spirituelles de l'auteur des *Fables*, des *Métamorphoses* & des *Animaux peints par eux-mêmes*. Quoi qu'il en soit, cet effort de courage de la part de Desperet fut pendant quelque temps couronné de succès, & notre artiste, dans ce milieu qui ne lui convenait guère, put encore trouver des ressources pour faire de nouvelles acquisitions. Cette bonne fortune ne devait pas avoir une longue durée; la fièvre d'illustrations à bon marché vint à se ralentir, & les artistes chargés de cette besogne ne furent plus assez pressés pour employer encore Desperet. Après quelques travaux insignifiants lui donnant à peine le nécessaire, tout vint à lui manquer, &, dès ce moment, il tomba dans un profond découragement. N'osant plus envisager l'avenir qu'avec effroi, seul devant cette collection, fruit de tant de labeurs... sentant que, bientôt, pressé par la misère, il allait être forcé de se séparer de ses chers portefeuilles, une profonde mélancolie s'empara de lui, & il fut pris d'une sorte de renoncement à la vie, à laquelle il ne tenait plus que par quelques liens d'affection... Ces derniers liens devaient, hélas! se briser aussi!... Une fille unique, qu'il chérissait tendrement, vint à mourir... ce fut pour lui le coup de grâce... Bientôt se déclara le germe de la maladie qui devait le mener au tombeau, & il ne fit plus que languir.

Quelquefois encore, s'armant de courage, le pauvre malade se traînait péniblement jusqu'à la petite chambre dépôt de ses trésors, & là il cherchait à classer, en vue d'une vente qu'il redoutait, ses meilleurs dessins, ce qu'il appelait le plus pur de son sang; mais, bientôt vaincu par la souffrance, haletant & découragé, il se voyait forcé de refermer ce cénacle tellement encombré de toiles, de gravures & de dessins qu'à peine pouvait-il y trouver une place pour se reposer.

Desperet resta alité une quinzaine de jours, &, le 3 mars dernier, rendit l'âme, à l'âge de soixante-un ans.

GÉRARD SEGUIN.

CATALOGUE

ÉCOLES ITALIENNES

ALLEGRI (Antonio), dit le Corrége.

1. — Deux études pour la coupole de Parme.
A la plume et au pinceau.

2. — L'Amour, figure en pied.
A la sanguine.

3. — Jeune enfant nu assis. A la sanguine. — Tête d'enfant. A la plume et lavé.
Deux dessins.

4. — L'Adoration des Bergers; première pensée. — Tête d'étude. — Groupe de figures pour la coupole de Parme.
Trois dessins à la sanguine.

5. — Groupe pour la coupole de Parme. — Un enfant assis. A la sanguine. — Tête d'enfant. A la plume et au bistre.
Trois dessins.

ALLEGRI (Antonio), dit le Corrége, attribué à.

6. — Croquis pour un tableau d'église.
Au bistre, rehaussé de blanc.

AMERIGHI ou MORIGI (Michel-Angiolo) dit LE CARAVAGE.

7. — Un homme nu étendu sur une estrade, vu en raccourci.
   A la sanguine, rehaussé de blanc.

ANONYMES FLORENTINS (DE LA FIN DU XVe SIÈCLE).

8. — Deux belles études de draperie sur la même feuille.
   Au bistre, et rehaussé de blanc.

9. — Hercule et Anthée.
   A la sanguine.

ANONYMES FLORENTINS (DU XVIe SIÈCLE).

10. — Tête d'homme.
    A la sanguine.

11. — Une grande frise et autres fragments d'après l'antique, des deux côtés de la feuille.
    A la plume.

BANDINELLI (Baccio).

12. — Le Christ au tombeau.
    A la plume. — Collection sir J. Reynolds.

13. — Saint Pierre et saint Paul. A la plume de roseau, lavé à l'encre. — Au verso, groupe de deux figures. A la sanguine.

14. — Deux études d'homme sur la même feuille. — Au verso, un croquis.
    A la plume.

15. — Études de jambes. — Au verso de l'une : Tête de vieillard.
    A la plume.

16. — Étude d'un homme nu debout, avec une seconde étude au verso d'après le même modèle.
A la plume.

17. — Un homme à cheval près d'un groupe de figures. — Au verso : Vue prise dans un intérieur de ville.
A la plume.

BARBARELLI (Giorgio), dit le Giorgion.

18. — Figure d'un jeune homme debout, en costume du temps ; il tient une faux.
A la sanguine.

BARBIERI (Giovanni-Francesco), dit le Guerchin.

19. — Paysage : des voyageurs sur une route montueuse.
A la plume.

20. — Saint Pierre pleurant son péché.
A la plume. — Gravé par A. Bartsch.

21. — Sainte Famille. — Un religieux conduisant un enfant par la main ; près de ce groupe, un autre enfant.
Deux dessins à la plume.

22. — Deux études de femmes sur la même feuille.
A la sanguine.

BAROCCI (Federigo), dit le Baroche.

23. — Étude pour une Sainte Famille.
A la pierre noire, rehaussé de blanc.

BARTOLOMMEO (Fra), dit le Frate.

24. — Figure d'enfant debout, pour un saint Jean.
Très-belle étude à la pierre noire, rehaussée de blanc.

25. — Étude d'un homme nu assis et vu de profil. — Au verso, le même modèle vu de dos.
<blockquote>A la plume.</blockquote>

26. — La Madeleine au pied de la croix.
<blockquote>A la sanguine.</blockquote>

27. — Figure d'homme largement drapée.
<blockquote>A la plume.</blockquote>

28. — Enfant nu assis.
<blockquote>A la plume, au bistre et rehaussé sur papier teinté.</blockquote>

Études pour une figure assise, par Cesare da Cesto.
<blockquote>A la plume. — Deux dessins.</blockquote>

29. — Étude de jeune homme, figure nue.
<blockquote>A la pierre noire.</blockquote>

30. — Figure de femme assise. — Au verso : une Étude de jeune femme debout.
<blockquote>A la sanguine.</blockquote>

BELLINI (Gentile).

31. — Vieillard assis lisant.
<blockquote>A la plume, lavé de bistre et rehaussé sur papier de couleur.</blockquote>

BENOZZO GOZZOLI.

32. — Composition historique : au premier plan, un Vieillard couché auquel on lie la jambe.
<blockquote>A la plume, lavé au bistre. — Ce dessin, de la collection Denon, a été lithographié par M. Muret.</blockquote>

BIBIENA (C.-G.).

33. — Décoration architecturale.
<blockquote>A la plume, lavé de bistre.</blockquote>

BOLOGNE (Jean de).

34. — Les Juifs emmenant Jésus-Christ, composition gravée en clair-obscur par André Andreani.
A la plume, lavé d'encre de Chine.

BUONAROTTI (Michel-Ange).

35. — Projet d'un tombeau pour le pape Jules II.
A la plume, lavé de bistre.

36. — Étude pour le Jugement dernier.
A la plume.

BUONAROTTI (Michel-Ange), attribué à.

37. — Plusieurs études sur la même feuille.
A la pierre noire. — Collections Mariette et Lagoy.

38. — Deux études pour la conversion de saint Paul.
A la sanguine.

CALDARA (Polidoro), dit POLIDORE DE CARAVAGE.

39. — L'Abondance, figure allégorique.
Dessin au bistre, rehaussé de blanc au pinceau. — Collection Mariette.

40. — Clélie traversant le Tibre. Composition gravée par J. Bonasone.
A la plume.

41. — Minerve assise et autre divinité.
Au bistre, rehaussé de blanc, sur papier de couleur.

42. — Figure d'étude : Jeune homme nu.
A la plume.

43. — Deux frises.
A la plume, lavé de bistre et rehaussé de blanc.

CALIARI (Paolo), dit Paul Véronèse.

44. — Un homme à genoux devant un évêque.
Charmant croquis à la plume.

45. — Le Repas chez Lévi.
A la plume, au bistre et rehaussé de blanc.

CAMPI (Giulio).

46. — La Vierge, l'enfant Jésus et sainte Anne.
A la sanguine.

CANTARINI (Simone), dit le Pésarèse.

47. — Sainte Famille.
A la sanguine. — Gravé à l'eau-forte par le maître.

CARPACCIO (Vittore).

48. — Un Musulman, sur un cheval au galop, suivi d'hommes de guerre. — Hommes de guerre et cavaliers, vraisemblablement pour la même composition.
Deux dessins à la plume et au bistre.

CARPI (Girolamo da).

49. — Étude de deux anges pour un plafond.
A la plume et au bistre.

CARRACCI (Lodovico).

50. — Deux groupes de lutteurs.
A la plume et à l'encre de Chine.

CARRACCI (Annibale).

51. — La Madeleine à mi-corps. — Sainte Famille.
Deux dessins à la plume.

52. — Paysage : sur le devant deux bergers.
A la plume.

CESARI (Giuseppe), dit LE JOSÉPIN.

53. — Figure de femme drapée.
Aux deux crayons.

54. — Cinq têtes d'après le même modèle sur une feuille. — Satyre attaché à un arbre.
Deux dessins à la sanguine.

CLOVIO (J.)

55. — Laissez venir à moi les petits-enfants.
Au crayon noir, lavé et rehaussé de blanc. — Collection de l'évêque d'Arezzo.

CREDI (Lorenzo di).

56. — Tête de vieille femme. Superbe étude du maître, à la pierre noire, légèrement lavée et rehaussée au pinceau, sur papier teinté : immédiatement au-dessous, une Tête de vieillard de la même exécution. — Au verso, Figure de jeune homme légèrement indiquée à la pierre noire.

57. — La Vierge tenant l'enfant Jésus sur ses genoux.
Délicieux dessin à la pointe d'argent, sur papier teinté.

DOSSI (Dosso).

58. La Présentation au temple.
Au bistre; rehaussé de blanc.

FERRARI (Gaudenzio).

59. — Tête de femme.
Au crayon noir, rehaussé de blanc sur papier de couleur. — Collection Gelozi.

GHIRLANDAJO (Benedetto), attribué à.

60. — Amphion.
Dessin au bistre sur papier teinté, rehaussé de blanc. — Collection Lagoy.

GUARDI (Francesco).

61. — Vue de la *Piazzetta*.
A la plume, lavé d'encre de Chine.

62. — Vue du pont *Rialto*.
A la plume, lavé d'encre de Chine.

63. — Vue des *Scalzi*, sur le grand Canal.
A la plume, lavé d'encre de Chine.

64. — Vue de la *Salute* et de la Douane.
A la plume, lavé d'encre de Chine. — Ces quatre grands dessins en largeur sont des plus beaux connus.

65. — Vue d'une place publique; dans le fond, un palais.
A la plume, lavé de bistre.

66. — Vue de l'église de la *Salute*.
Dessin en hauteur, à la plume, lavé.

67. — Seconde vue de la *Piazzetta*.
A la plume, lavé de bistre.

68. — Vue de l'escalier des Géants, au palais Saint-Marc à Venise.
A la plume, lavé.

69. — Vue d'un canal traversé par un petit pont, à Venise. A la plume et au bistre. — Vue intérieure d'une vaste salle animée par plusieurs figures. A la plume et lavé.
Deux dessins.

70. — Vue d'une grande place animée par divers groupes de promeneurs. — Vue d'une place publique.
Deux dessins à la plume et au bistre.

71. — Façade d'un petit palais. — Études de ruines.

A la plume, lavé de bistre. — Diverses figures. Au pinceau.

Trois dessins.

GASPRE (Gaspard Dughet), dit LE.

72. — Paysage : une Baigneuse au milieu d'un bois.
A la plume et lavé d'encre de Chine.

73. — Campagne traversée par une rivière ; au fond, fabriques et rochers.
A l'encre de Chine.

74. — Deux Paysages : sur le premier plan de l'un, une masse de rochers ; l'autre représente une campagne traversée par une rivière.
A la sanguine.

75. — Paysage : fabriques sur les bords d'une rivière.
A la plume, lavé d'encre de Chine.

76. — Étude prise dans une villa de Rome.
A l'encre de Chine, rehaussé de blanc sur papier de couleur.

GRIMALDI (Gio-Francesco), dit LE BOLOGNESE.

77. — Paysage : château fort au bord d'un fleuve ; sur le premier plan, des pêcheurs. A la plume, lavé à l'encre de Chine. — Muraille crénelée. A la plume.
Deux dessins.

IMOLA (Innocenzo da).

78. — La Fuite en Égypte.
A la plume, au bistre et rehaussé de blanc.

LIPPI (Fra Filippo).

79. — Deux têtes d'enfants accolées.
A la plume.

LUINI (Bernardino).

80. — Étude d'après une jeune femme.
A la pierre noire, rehaussé sur papier de couleur.

81. — Deux figures d'hommes nus debout.
A la sanguine. — Collection Vallardi.

MANTEGNA (Andrea).

82. — Tête d'homme, vue de trois quarts.
A la plume.

83. — Deux enfants près d'un grand candélabre.
A la plume.

84. — Deux enfants. — Trophée d'instruments.
Deux dessins à la plume.

FILIPPO LIPPI.

85. — Saint Pierre debout. A la plume. — Homme assis, vu de dos. A la plume, lavé de bistre et rehaussé.
Deux dessins.

MAZZOLINO (attribué à).

86. — Saint à genoux et vu de profil.
Remarquable dessin à la plume, lavé de bistre et rehaussé de blanc sur papier de couleur.

MAZZOLA (Francesco), dit le Parmesan.

87. — Groupe de deux enfants. Coll. Denon. — Trois figures de femmes drapées.
A la plume et au bistre. — Quatre dessins.

88. — Cinq dessins montés sur la même feuille.
A la plume.

89. — Un homme debout, un flambeau à la main, en face d'une femme.
A la plume, au bistre et rehaussé sur papier teinté.

90. — Études d'après nature d'un jeune homme et d'une jeune femme debout.

A la plume, au bistre et rehaussé de blanc.

91. — Jeune femme debout.

Au bistre.

NICCOLO DEL ABATE.

92. — Jésus au jardin des Oliviers. Dessin de forme ovale.

A la plume, lavé de bistre et rehaussé de blanc. — L'émail, exécuté par Léonard Limosin, se voit au Louvre.

93. — La Vierge avec l'enfant Jésus ; elle est entourée de saints. Au premier plan, à gauche, un donataire.

A la plume, au bistre et rehaussé de blanc sur papier de couleur.

PALMA (Jacopo), dit LE VIEUX.

94. — Tête de jeune homme, vue de trois quarts.

Au crayon noir, rehaussé de blanc sur papier teinté.

PALMA (Jacopo), dit LE JEUNE.

95. — Portrait de femme avec collerette.

A la plume.

PASSAROTTI (B.)

96. — Torse d'homme et étude de main. — Homme nu, un genou à terre.

Deux dessins à la plume.

PENNI (Luca).

97. — Vénus debout.

A la plume, lavé de bistre.

97 bis. — Épisode de la guerre des Romains avec les Perses.

Grand dessin à la plume, lavé de bistre et rehaussé de blanc.

PENNI (Jean-François).

98. — Sujet mythologique.
A la plume, lavé de sanguine et rehaussé de blanc.

VAGA (Pierino del).

99. — Deux cariatides soutenant un médaillon.
A la plume, au bistre et rehaussé de blanc.

PESELLO (Francesco), dit IL PESELLINO.

100. — Saint Antoine de Padoue.
Très-rare dessin, à la plume, lavé d'indigo.

PIOMBO (Sébastien del).

101. — Le Christ en croix.
A la pierre noire, sur papier teinté.

102. — Tête de femme, vue de trois quarts. — Une tête d'enfant par Fra. Bartolommeo.
Deux dessins à la sanguine.

PONTE (Jacopo da), dit LE BASSAN.

103. — Troupeau au repos.
A la plume, lavé d'encre de Chine.

PORTA (Giuseppe) dit SALVIATI.

104. — Le Christ descendu de la croix.
A la plume.

104 bis. — Apollon sur le Parnasse au milieu des Muses.
A la pierre noire, rehaussé de blanc sur papier de couleur.

PRIMATICCIO (Francesco).

105. — Assemblée des dieux.
A la plume, lavé de bistre et rehaussé de blanc. — Gravé par Van Thulden.

RAMENGHI (Bartolommeo), dit IL BAGNACAVALLO.

106. — La Vierge debout, tenant l'enfant Jésus dans

ses bras, et entourée de saints; à ses pieds un ange jouant de la mandoline.

A la plume.

107. — L'empereur Constantin reçoit la bénédiction du pape. Composition importante.

Au bistre, rehaussé de blanc. — Collection Vallardi.

RICCIARELLI (Daniele), dit Daniel de Volterre.

108. — Étude pour le Jugement dernier de Michel-Ange.

A la pierre noire.

109. — Étude de main qui a servi pour la Descente de croix; Fresque exécutée à la Trinité-du-Mont à Rome.

A la pierre d'Italie.

ROBUSTI (Jacopo), dit le Tintoret.

110. — Jésus-Christ devant Pilate.

A la plume et au bistre.

111. — Saint Michel foudroyant les réprouvés.

Grisaille à l'huile.

112. — Jésus-Christ sortant de chez Pilate.

A la plume.

113. — Tarquin et Lucrèce. — Tête de vieillard.

Deux dessins à la plume.

ROSA (Salvator).

114. — Un soldat contemple un homme attaché à un arbre.

A la plume, lavé d'encre et rehaussé de blanc sur papier de couleur.

ROSALBA (Carriera).

114 bis. — Buste de deux jeunes enfants.

Au pastel.

— 24 —

ROSSO (Il), dit Maître Roux.

115. — Diane et Actéon.
A la plume, lavé de bistre.

RUSTICI (Gabriele).

116. — Groupe de figures debout.
A la sanguine.

SALMEZZIA (Enea.)

117. — La Vierge au rosaire.
Au bistre, rehaussé de blanc.

SANZIO (Raffaello).

Nous lisons dans l'ouvrage de M. Passavant [1], à l'article des dessins de Raphaël, les lignes suivantes :

DANS LA COLLECTION DE M. DESPERET A PARIS.

Le possesseur, qui est un artiste distingué, a fait de très-belles eaux-fortes d'après des dessins de grands maîtres qui lui appartiennent, et dont nous ne citerons que le suivant, qui nous est connu par une photographie que M. Reiset a eu l'extrême complaisance de nous faire parvenir.

118. — Un homme chargé d'un fardeau ; étude d'après un modèle presque nu, pour la figure portant des présents, et qui se trouve à l'extrémité gauche de la fresque du couronnement de Charlemagne, dans la salle de la *Torre Borgia* au Vatican.
Dessin magistral à la sanguine. H. 0,322 mill. ; l. 0,162 mill.

119. — Homme nu couronné de pampres.
A la plume. — Au verso une étude pour le Christ mort, à la pointe d'argent.

120. — Massacre des Innocents. Composition pour les tapisseries exécutées en Flandre.
A la plume et au bistre, rehaussé de blanc sur papier teinté.

---

1. *Raphaël d'Urbin et son père Giovanni Santi*, par J.-D. Passavant, 2 vol. in-8°, *Paris, veuve Jules Renouard*, 1860, page 479 du 2e vol.

121. — Le Martyre de saint Étienne.
Croquis à la plume. — Au verso, divers croquis également à la plume.

122. — Le Miracle des cinq pains. Fragment d'une célèbre composition du maître.
A la plume, lavé de bistre.

123. — L'Amour et Psyché. Groupe qu'on voit dans le Festin des dieux, peint à fresque à la Farnésine.
A la sanguine.

124. — Le Christ sortant du tombeau. Composition connue par la gravure en camaïeu.
A la plume, lavé de bistre et rehaussé de blanc.

125. — La Sibylle Phrygia. Figure qui se trouve dans la fresque de Raphaël placée dans l'église de Santa-Maria-della-Pace, à Rome.
A la sanguine.

126. — Étude d'hommes nus pour les apôtres dans le tableau de la Transfiguration.
A la sanguine.

127. — Étude de deux pieds. — Au verso une deuxième étude.
A la sanguine.

SANZIO (Raffaello), attribué à.

128. — Première pensée pour une composition d'un Christ au tombeau. A la plume et au bistre. — Au verso, deux hommes nus qui luttent. A la plume.
Deux dessins.

SIGNORELLI (Luca).

129. — Saint Georges terrassant le démon.
Très-beau dessin du maître, à la sanguine, rehaussé de blanc.

— 26 —

SIRANI (Élisabeth).

130. — La Vierge et l'enfant Jésus.
A la plume, lavé d'encre de Chine.

TEMPESTA (Antonio).

131. — Mêlée de cavaliers et de fantassins.
A la plume, au bistre et rehaussé de blanc.

TIEPOLO (J.-D.)

132. — Un saint vient adorer la Vierge et l'enfant Jésus. — Étude d'ange.
Deux dessins lavés au bistre.

VANNI (Francesco).

133. — La Vierge et l'enfant Jésus.
A la pierre noire, rehaussé de blanc.

VANNUCCI (Andrea), dit André Del Sarte.

134. — Groupe de trois figures.
A la sanguine, rehaussé de blanc. — Collections J. Reynolds et J. Barnard.

135. — Le Christ descendu de la croix.
A la sanguine.

136. — Un jeune homme tirant une corde.
A la sanguine.

137. — Saint Évangéliste debout tenant un livre sous le bras.
A la sanguine.

138. — Deux études d'hommes.
A la sanguine.

VANNUCCI (Pietro), dit le Pérugin.

139. — Jeune femme debout. Étude pour une composition du maître.
A la plume.

140. — Vieillard assis, la tête appuyée sur sa main. A la plume. — Deux figures drapées, vues de dos, dessin du Pinturicchio.

VANVITELLI.

141. — Vue du fort et du pont Saint-Ange à Rome.
A la pierre noire, lavé de bistre.

VAROTARI (Alessandro), dit LE PADOUAN.

142. — Portrait d'homme à moustaches, daté de 1625.
Aux trois crayons.

143. — Portrait du cavalier Bernin.
Aux deux crayons.

144. — Portrait d'un jeune homme coiffé d'une calotte. — Autre portrait d'une jeune femme.
Deux dessins à la pierre noire, sur papier de couleur.

145. — Portrait d'homme, à mi-corps. Aux trois crayons. — Tête d'homme. Aux deux crayons.
Deux dessins.

146. — Jeune femme nue étendue par terre; elle est vue en raccourci.
Aux deux crayons. — Collection Vallardi.

VASARI (Giorgio).

147. — Figures d'ornements pour un plafond.
A la plume et à l'aquarelle.

VECELLIO (Tiziano), dit LE TITIEN.

148. — Les Noces de Cana.
A la plume.

149. — Homme drapé à longue barbe.
A la pierre noire, sur papier de couleur.

150. — Paysage.
A la plume.

VINCI (Leonardo da).

151. — Étude pour une figure d'enfant. H. 0,210 mill.; l. 0,150 mill.
A la sanguine. — Gravé par Alphonse Leroy.

Ce dessin reproduit deux figures entières : une jambe, un bras, un pied et une tête, pour l'*enfant Jésus* du tableau de la galerie du Louvre (n° 48), où Léonard a représenté *la Vierge assise sur les genoux de sainte Anne*.

Extrait de la notice par M. Frédéric Villot, qui accompagne le fac-simile, gravé par Alphonse Leroy dans l'ouvrage dont le titre est : *Collection de trente-deux dessins*, etc.

152. — Homme assis drapé à l'antique. Précieux dessin à la pointe d'argent sur papier teinté. — Feuille d'études à la plume et au crayon.
Deux dessins.

153. — Étude pour le carton de Pise.
A la plume.

154. — Tête de vieillard. A la plume, lavé de bistre. — Deux têtes sur la même feuille; d'après Lucas de Leyde. A la plume.
Deux dessins.

VINCI (Leonardo da), attribué à.

155. — Une tête d'enfant, une tête de jeune fille.
Deux dessins à la pierre noire.

VITI (Timoteo).

156. — Figures allégoriques et mythologiques.
A la plume, rehaussé de blanc sur papier de couleur.

157. — Figure de femme, vue de dos.
A la pierre noire.

158. — Figure d'ange à mi-corps.
A la pierre noire, rehaussé de blanc.

ZAMPIERI (Domenico), dit le Dominiquin.

159. — Un évêque allant au supplice guérit un enfant.
Très-beau dessin à la pierre noire, lavé d'encre et rehaussé de blanc sur papier de couleur.

160. — Manlius Capitolinus faisant attacher le clou sacré au mur du temple de Jupiter.
A la plume, lavé à l'encre de Chine.

161. — Dieu le père et Jésus-Christ portés par les anges : première pensée pour le Martyre de sainte Agnès.
A la plume.

162. — Très-belle étude pour le Possédé, peinture à fresque qu'on voit à Grotta-Ferrata.
A la pierre noire. — Collection Lagoy.

163. — Une tête de vieillard vue de profil.
A la pierre noire, rehaussé de blanc sur papier teinté.

164. — Figures d'études pour la Flagellation.
A la pierre noire.

165. — Paysage : sur le devant une femme et un enfant.
A la plume.

166. — Paysage : Vue du Ponte Rotto sur le Tibre.
A la plume.

167. — Études d'arbres. — Hangar dans une campagne, par Remigio Galina.
Deux dessins à la plume.

ZUCARRA (T.).

168. — Moine debout coiffé d'un chapeau.
A la pierre noire et à la sanguine. — Collections Th. Hudson et Richardson.

169. — Portrait de femme assise dans un fauteuil. Au verso, un portrait d'homme — portrait du duc d'Orléans.

Aux deux crayons. — Trois dessins.

170. — Tête d'homme à barbe. — Groupe de trois anges.

Deux dessins aux deux crayons.

171. — Deux dessins d'après les fresques du Corrége à Parme.

Aux deux crayons.

ÉCOLES ALLEMANDE, FLAMANDE
ET HOLLANDAISE

ACKEN (Jean Van).

172. — Paysage : site montagneux.
A la plume, lavé de bistre et d'encre de Chine.

ANONYME AU MONOGRAMME T. G. (Allemand du xve siècle.)

173. — La Vierge debout, un panier à la main que l'enfant Jésus veut saisir.
A la plume, daté de 1508.

ANONYME FLAMAND (Fin du xve siècle).

174. — Tête du Christ portant sa croix.
A la pierre noire, rehaussé de blanc sur papier teinté.

ANONYME DES PAYS-BAS.

175. — Vierge avec l'enfant Jésus.
Au crayon noir, rehaussé de blanc sur papier teinté.

BACKUISEN (Ludolff).

176. — Marine.
Remarquable dessin à l'encre de Chine. — Collection W. Esdaile.

177. — Mer agitée.
Belle et grande marine à l'encre de Chine.

178. — Marine.
A la pierre noire et à l'encre de Chine.

179. — Marine; dans le fond, une ville éloignée.
A l'encre de Chine.

BEGA (Cornelis).

180. — Femme assise.
A la pierre noire, rehaussé de blanc sur papier de couleur.

181. — Étude de femme debout.
A la sanguine, signé en haut du monogramme et daté de 1650.

182. — Femme assise vue de dos, la tête de profil. — Autre femme assise, la tête de trois quarts.
Deux dessins à la sanguine.

BERGHEM (Nicolaas).

183. — Vacher jouant de la musette près de son troupeau.
Beau dessin à la plume, lavé d'encre de Chine, signé.

184. — Pays montueux : sur le premier plan à gauche, un homme assis; un peu plus loin, un homme avec son troupeau sur un chemin.
A la plume et au bistre.

185. — Paysage : sur les bords d'une rivière, un homme à cheval, figures, animaux, etc.
A l'encre de Chine.

186. — Trois vaches, dont deux couchées. Un âne chargé de bois.
A la pierre noire, rehaussé de blanc sur papier de couleur. — Deux dessins.

187. — Paysage : sur le devant, une femme trait une vache au milieu d'un troupeau.
Charmant croquis à la pierre noire.

188. — Des patineurs hollandais.
Riche composition à la sanguine.

189. — Un homme à genoux les mains jointes; autre homme mettant sa chaussure.
Au bistre.

190. — Troupeau à l'abreuvoir. A la sanguine. — Paysage : animaux et personnages sur le devant. A la pierre noire.
Deux dessins.

191. — Troupeau à l'abreuvoir. A la sanguine. — Femme à cheval. A l'encre de Chine. Ce croquis fait partie d'une composition gravée par N. Visscher. — Homme debout près d'un bœuf. Au crayon noir.
Trois dessins.

192. — Une femme à cheval. Cette figure se trouve dans une composition gravée par N. Visscher. A l'encre de Chine. — Un pâtre adossé contre une vache. A la pierre noire.
Deux dessins.

BLOEMEN (Johan Van).

193. — Paysage : dans le fond on voit la mer.
A la plume, lavé de bistre et d'encre de Chine.

194. — La maison de campagne d'un gentilhomme romain à Nettuno.
A l'aquarelle. — Collection Hamal.

195. — Enfant à genoux. — Autre enfant debout.
Deux dessins à la pierre noire.

BOL (Ferdinand).

196. — Sacrifice d'Iphigénie.
A la pierre noire, à la plume et au bistre.

197. — Saint en prière. A la plume. Collection

Claussin. — Saint Mathieu, évangéliste, par J. Livens. Au bistre.

Deux dessins.

BOTH (Jean).

198. — Beau paysage : sur le premier plan, des cavaliers font boire leurs chevaux.
A l'encre de Chine.

199. — Paysage montueux.
A l'encre de Chine.

BRAUWER (Adriaan).

200. — Tête de vieillard. A la plume. — Deux paysans, dont l'un est assis sur une table. A la plume et lavé de bistre.
Deux dessins.

BREUGHEL (Johann), dit DE VELOURS.

201. — Paysage : sur le premier plan et au milieu, un moulin. Collection Mariette.
A la plume et au bistre.

202. — Une route dans un village : sur le premier plan, une charrette. — Navires amarrés près d'un moulin, sur un grand fleuve.
Deux dessins.

BREUGHEL (Pierre).

203. — Route couverte de voyageurs et d'animaux traversant une campagne.
A la plume, légèrement lavé.

BRONCKHORST (J.).

204. — Oiseau exotique sur une branche d'arbre. — Canards dans l'eau.
Deux dessins à l'aquarelle.

BURGMAIR (Hans).

205. — Morceau faisant partie du Triomphe de l'empereur Maximilien ; il a été gravé sur bois.
A la plume.

CALVART (Denis).

206. — Détails anatomiques.
A la plume, rehaussé de blanc sur papier de couleur.

CRAYER (Gaspar de).

207. — Saint Dominique foudroyant l'Hérésie.
A l'aquarelle.

CUYP (Aalbert).

208. — Vue d'une ville de Hollande.
A la pierre noire, repris à la plume.

DOES (J. Vander).

209. — Étude de quatre moutons.
Aux deux crayons.

DOOMER (Jean).

210. — Paysage traversé par une route ; derrière une colline, on aperçoit le clocher du village.
A l'aquarelle.

211. — Vue de la Loire près de Nantes.
A l'aquarelle.

212. — Deux petits paysages.
A la pierre noire, lavés de bistre.

DOW ou DOU (Gérard).

213. — Jeune enfant tenant son chapeau appuyé sur sa poitrine. — Au verso : Tête de femme. A la

pierre noire. — Portrait d'une jeune femme, vue de profil. A la sanguine.

Deux dessins.

DUCQ (Jean Le).

214. — Jeune cavalier assis, un verre à la main.
A la pierre noire, rehaussé de blanc sur papier teinté.

DURER (Albert).

215. — Femme assise lisant.
A la plume.

216. — La Vierge tenant l'enfant Jésus sur ses genoux.
A la plume.

217. — Sainte Catherine agenouillée.
Beau dessin du maître, à la plume. — Il a été gravé.

218. — Une chauve-souris. A l'aquarelle, sur vélin. — Jésus au pied de la croix, croquis à la plume, avec le monogramme du maître et la date 1522.
Deux dessins.

DUSART (Cornelius).

219. — Fête de village.
Composition importante à l'aquarelle, sur vélin.

DYCK (Antoine Van).

220. — Martyre de saint Sébastien.
Très-beau dessin à la sanguine, rehaussé de blanc avec quelques touches d'aquarelle.

221. — Deux têtes d'enfants sur la même feuille.
A la pierre noire, rehaussé de blanc sur papier teinté.

222. — Première pensée pour une Descente de croix.
A la plume.

223. — Étude pour un portrait en pied de femme.
A la pierre noire, rehaussé de blanc sur papier bleu.

224. — Croquis pour un portrait de deux jeunes gens debout; sur papier de couleur. — Deux feuilles d'études de mains.
Trois dessins à la pierre noire, rehaussés de blanc.

225. — Le Christ mis au tombeau. — La Madeleine au pied de la croix.
Deux croquis à la plume.

EECKHOUT (Gerbrand Vander).

226. — Une campagne; dans le lointain, une petite ville.
A la plume et à la pierre noire, légèrement lavé.

ELZHEIMER (Adam).

227. — Philémon et Baucis.
A la plume, lavé à l'encre.

EVERDINGEN (Aldert Van).

228. — Un chemin dans une sapinière. A la pierre noire, lavé de bistre et d'aquarelle. — Une barque sur la rive d'un fleuve, dessin signé des initiales du maître.
Deux dessins.

EYCK (Jean Van).

229. — La Vierge de douleurs soutenue par saint Jean; deux saintes femmes sont derrière ce groupe.
A la plume.

GOLTZIUS (Henri).

230. — Sirène et Harpie.
A la plume et lavé.

231. — Mars et Vénus surpris par Vulcain.
A la plume et au bistre, rehaussé de blanc.

GOYEN (Jean Van).

232. — Marine.

A l'encre de Chine, signé et daté de 1659.

233. — Petite marine. — Voyageurs et chariot passant un bac.

Deux dessins à la pierre noire.

GRUN (Baldung).

234. — La Vierge, l'enfant Jésus et deux saintes.

A la plume.

HELST (Bartholomeus Vander).

235. — Jeune homme debout coiffé d'un grand chapeau.

A la pierre noire.

HOBBEMA (Meindert).

236. — Place de village sur les bords d'une rivière.

A l'encre de Chine. — Dessin très-rare.

HOLBEIN (Hans).

237. — Sujet tiré des prophéties d'Ézéchiel.

A la plume, lavé d'aquarelle.

238. — Les représentants des cantons suisses à table.

A l'encre de Chine, daté de 1522.

JARDIN (Karel Du).

239. — Riche paysage : sur le devant des animaux viennent s'abreuver.

Au bistre et à l'encre de Chine.

JORDAENS (Jakob).

240. — Diogène cherchant un homme; fort beau dessin.

Riche composition aux trois crayons, lavée d'aquarelle.

— 39 —

241. — Diane de retour de la chasse.
Dessin très-capital aux trois crayons et à l'aquarelle.

242. — Silène ivre soutenu par deux satyres.
Au crayon noir, repris à la plume.

243. — Un Empereur d'Allemagne et trois personnages de sa suite à genoux; ils sont suivis de deux porte-étendards.
A la plume et à l'aquarelle.

244. — Voyageur offrant des présents à un seigneur turc, d'après Paul Véronèse.
A la sanguine et à la pierre noire. — Collection Charles Rogers.

LAAR (Pieter Van).

245. — Trois figures de paysans.
A la sanguine.

LIEVENS (Jean).

246. — Paysage : on remarque deux grands arbres sur le premier plan.
A la plume.

247. — Paysage : sur le devant un homme et un enfant à l'ombre d'un grand arbre.
A la plume.

248. — Paysage : chaumière au bord d'un fleuve.
Au bistre.

MABUSE (Jean).

249. — Un cardinal tenant la tiare, accompagné de saints.
A la plume.

MEER (Jean Vander).

250. — Une vache au repos. A la pierre noire. — Troupeau de moutons. A l'aquarelle.
Deux dessins.

METSU (Gabriel).

251. — Jeune femme debout.
Très-belle étude à la pierre noire, rehaussée de blanc sur papier bleu.

METSU, (attribué à).

252. — Jeune homme debout.
A la pierre noire, rehaussé de blanc.

MEULEN (Ant.-Franz Vander).

253. — Halte de voyageurs.
A la sanguine.

254. — Deux cavaliers marchant.
Étude à la pierre noire.

MIERIS (Willem Van).

255. — Sujet mythologique.
A l'encre de Chine.

MILLET (Jean-Francisque).

256. — Très-beau paysage historique.
A la plume, au bistre et lavé à l'encre de Chine.

257. — Paysage : site montueux avec de belles fabriques.
A la plume, lavé à l'encre de Chine.

258. — Paysage : un groupe d'hommes sur le premier plan.
A la sanguine, rehaussé de blanc.

259. — Deux petits paysages, dont un de forme ronde.
A l'encre de Chine et au bistre.

NETSCHER (Gaspar).

260. — Étude de mains. — Femme endormie, par C. Béga.
Deux dessins à la sanguine.

OMMEGANCK.

260 bis. — Paysage : au premier plan, deux moutons.
A l'encre de Chine.

OSTADE (Adriaan Van).

261. — La Danse au cabaret ; composition connue par l'eau-forte gravée par le maître.
Dessin capital à la plume, lavé ; il est accompagné de l'eau-forte.

262. — La Fileuse, composition gravée à l'eau-forte par le maître.
Précieux dessin à l'aquarelle, accompagné de l'eau-forte.

263. — Un buveur. — Un homme qui pisse.
Deux dessins à l'aquarelle.

264. — Paysan assis lisant. — Paysan allumant sa pipe.
Deux dessins à l'aquarelle.

265. — Paysan et paysanne dansant. A la plume, lavé d'encre. — Paysan et paysanne. A la plume, lavé de bistre.
Deux dessins.

POTTER (Paulus).

266. — Étude de trois moutons.
A la pierre noire. — Collection Lempereur.

PYNACKER (Adam).

267. — Paysage.
A la pierre noire, lavé à l'encre de Chine. — Ce dessin porte la signature du maître.

REMBRANDT (Van Ryn).

268. — La Descente de croix.
Dessin capital à la plume, lavé de bistre et teinté d'aquarelle.

269. — Agar présentée à Abraham par Sara.
A la plume.

270. — L'Ange et Tobie.
A la plume et lavé d'encre.

271. — Croquis tracé à la plume et légèrement lavé, gravé en *fac-simile* par Le Roy.

S'il est difficile d'indiquer le sujet de cette composition, tracée rapidement avec une plume assez grosse et n'indiquant que les traits essentiels, il est impossible de se méprendre sur les sensations qui animent les deux personnages. D'un côté, l'autorité calme, faisant entendre des paroles sévères; de l'autre, un coupable suppliant et craintif.

Extrait de la notice de M. Frédéric Villot, qui accompagne le fac-simile du dessin original, dans le bel ouvrage cité précédemment à l'occasion d'un admirable dessin de Léonard de Vinci.

272. — Deux femmes debout au pied d'un escalier.
A la plume. — Collections Richardson, John Barnard et W. Esdaile.

273. — Lion couché; au pinceau légèrement lavé. — Homme debout, vu de dos. A la plume.
Deux dessins.

274. — L'Ange et Tobie.
A la plume, lavé de bistre.

275. — Retour de l'Enfant prodigue.
A la plume, lavé à l'encre.

276. — La Chaumière aux trois arbres.
A la plume, légèrement lavé.

277. — Vue d'une petite ville de Hollande sur les bords d'un fleuve.
A la plume et au bistre.

278. — Juif à grand bonnet. — Une figure d'homme debout.
Deux croquis à la plume.

279. — Homme et femme vus de profil. Collection Paul Sandby. — Suzanne au bain.
Deux dessins à la plume.

280. — Deux études d'une femme couchée.
A la pierre noire, lavé.

281. — Saint Pierre renie Jésus.
A la plume et lavé d'encre.

282. — Tête de jeune fille vue de profil. — Tête de vieille femme.
Deux dessins à la plume.

ROMEYN (Willem Van).

283. — Paysage : site italien ; sur le premier plan, un taureau et une vache.
A l'encre de Chine.

ROOS (Jean-Henri).

284. — Troupeau en marche.
A la sanguine.

RUBENS (Peter-Paul).

285. — Groupe pour un Enlèvement des Sabines.
Ce beau dessin du maître est exécuté aux trois crayons.

286. — L'Alliance de l'Eau avec la Terre.
A l'aquarelle. — L'estampe, gravée par Vangélisty, accompagne le dessin.

287. — Portrait de jeune femme, vue de trois quarts.
Aux trois crayons.

288. — Étude de deux lions.
Aux deux crayons, sur papier de couleur.

289. — Tête de vieillard, les yeux élevés vers le ciel.
A la pierre noire, lavé d'encre de Chine.

RUYSDAEL (Jacques).

290. — Paysage : on remarque au premier plan un arbre renversé.
A la pierre noire, lavé à l'encre de Chine.

291. — Paysage : on voit au premier plan un homme assis et lisant au bord de l'eau.
A la pierre noire et lavé d'encre de Chine.

RUYSDAEL (Salomon).

292. — Paysage.
A l'aquarelle.

293. — Paysage traversé par une rivière : au milieu une église et des habitations.
A la pierre noire, lavé d'encre de Chine.

SCHALKEN (Gottfried).

294. — Jeune fille endormie près d'une lumière. Ce dessin a été gravé par J. Smith.
A la sanguine.

SCHMIDT (G.-F.).

295. — Deux portraits de femme vues à mi-corps; l'un d'eux est sur vélin.
Aux trois crayons.

SCHONGAUER (Martin).

296. — La Salutation angélique. Composition connue par la gravure du maître.
A la plume.

SNYDERS (Franz).

297. — Deux études de chiens.
Aux deux crayons, sur papier de couleur.

STOOP (Dirck).

298. — Halte de cavaliers.
A l'encre de Chine, signé et daté de 1647.

STRY (Jacob Van).

299. — Jeune fille assise, la tête appuyée. Aux trois crayons. — Deux études d'hommes et deux de femmes. A l'encre de Chine.
Cinq dessins signés.

SWANEWELT (Herman).

300. — Tobie et l'Ange dans un paysage. Le peintre s'est servi de ce dessin pour l'exécution d'une de ses belles eaux-fortes.
A la plume, lavé de bistre.

301. — Ruines du palais des Césars.
Au bistre et à l'aquarelle.

302. — Paysage traversé par une rivière.
A la plume, lavé de bistre.

303. — Pont et cascade dans un pays montueux.
A la plume, lavé d'encre et de bistre.

TENIERS (David), le Vieux.

304. — Le Château de Perck; sur le premier plan à gauche, deux hommes près d'un pêcheur.
A la mine de plomb.

TENIERS, Père et Fils.

305. — La Diseuse de bonne aventure. — Cavalier debout.
Deux dessins au crayon noir.

TERBURG (Gérard).

306. — Assemblée de plénipotentiaires.
Esquisse en camaïeu.

307. — Homme couvert d'un manteau et vu de trois quarts.

A la pierre noire, le visage est rehaussé de sanguine. — Signé et daté de 1669.

308. — Homme vu de dos.

A la pierre noire.

UDEN (Lucas Van).

309. — Paysage. Collection Mariette.

A la plume, lavé d'indigo.

ULFT (Jakob Vander).

310. — Ruines du palais des Césars, à Rome.

Au bistre.

VELDE (Adriaan Vanden).

311. — Jeune femme, presque nue, accoudée. — Une étude d'homme couché.

Deux dessins à la sanguine.

312. — Femme assise se lavant les pieds ; au-dessus, deux têtes de femmes.

A la sanguine.

313. — Un Berger étendu au pied d'un arbre ; près de lui son troupeau.

A la sanguine.

VELDE (Willem-Jean Vanden).

314. — Deux navires, avec leurs embarcations, sur une mer calme.

A la plume, lavé à l'encre de Chine. — Collection W. Esdaile.

VENNE (Adriaan Vander).

315. — Ruines d'un château.

Aux deux crayons.

VLIEGER (Simon de).

346. — Moulin sur les bords d'une rivière.
Aux deux crayons.

WATERLOO (Antoine).

347. — Vue d'une forêt pendant un orage.
A la pierre noire, sur papier de couleur.

318. — Deux petits paysages.
A la plume, lavés à l'encre de Chine.

319. — Moulin sur un torrent, dans une sapinière.
A la plume, lavé d'encre de Chine.

320. — Une forêt.
A la pierre noire, lavé et rehaussé de blanc sur papier de couleur.

321. — Grande étude de rochers.
A l'encre de Chine et à la sanguine.

VERSCHURING (H.).

322. — Cheval au repos, tenu par son cavalier debout.
A la plume, lavé à l'encre de Chine.

323. — Deux chevaux équipés, l'un vu de face, l'autre de profil.
A la plume et lavés à l'encre de Chine.

WEYDEN (Rogier Vander), attribué à.

324. — Le Christ.
Précieux dessin à la pointe d'argent, sur papier préparé.

WOUWERMANS (Philips).

325. — Seigneur partant pour la chasse avec ses chiens et sa suite.
A la sanguine.

326. — Feuille de croquis : deux chasseurs avec un lévrier, et plusieurs ânes.
A la sanguine.

327. — Paysan chargeant son cheval. A la sanguine. — Cheval chargé. A la pierre noire.
Deux dessins.

WYNANTS (Jean).

328. — Étude de chardons. A la pierre noire, lavé à l'encre de Chine et rehaussé de blanc. — Autre étude, par Otto Marseus, d'un chardon en fleur. Aux trois crayons.
Deux dessins.

ZACHT-LEVEN (Herman).

329. — Une route très-escarpée, et dominée par une forteresse au milieu des rochers.
A la pierre noire, lavé de bistre, avec le monogramme de l'artiste et la date de 1650.

330. — Vue d'une petite ville sur les bords du Rhin : le fleuve est couvert de plusieurs embarcations.
A la pierre noire, lavé, et portant le monogramme de l'artiste.

331. — Paysage : site montagneux ; au premier plan, un pin renversé.
A la pierre noire, légèrement lavé de bistre.

332. — Très-belle étude d'arbre dans une forêt.
Grand dessin au crayon, lavé au bistre.

333. — Paysage : à gauche, une chaumière sur une hauteur.
Au crayon noir, lavé de bistre.

334. — Paysage montueux : on remarque au milieu un clocher.
Au crayon noir, lavé de bistre.

335. — Paysage : sur le premier plan, un vieux chêne.

> A la pierre noire et lavé de bistre, avec le monogramme et la date de 1650.

336. — Vue des bords du Rhin. un îlot avec une tour au milieu du fleuve.

> A la sanguine et lavé.

ZACHT-LEVEN (Kornelis).

337. — Une vieille femme assise sur un banc, un chien à côté d'elle. Avec le monogramme et la date de 1677.

> A l'aquarelle. — Collection Lagoy.

338. — Chien guettant, et dans des broussailles on voit la tête d'un autre chien. A la pierre noire, lavé d'encre de Chine, signé et daté de 1646. — Étude d'un chien: A la pierre noire sur papier de couleur. — Tête de chien. A la sanguine.

> Trois dessins.

ZEEMAN (Reinier).

339. — Marine.

> A l'encre de Chine, signé.

ÉCOLE FRANÇAISE

ANONYME, du xviie siècle.

340. — Portrait d'une jeune femme de la cour de Louis XIV.
A la mine de plomb, sur vélin.

ANONYME, du xviiie siècle.

341. — Portrait de Louis XVI.
Pastel dans un cadre sculpté.

ANONYME, architecte.

342. — Vue du forum de Nerva.
A la plume et à l'aquarelle.

BAUDOUIN (F.).

343. — Paysage : sur la droite un château fort.
A la sanguine.

BELLANGE (Jacques).

344. — Portrait d'Anne d'Autriche.
Aux deux crayons, sur vélin.

BOISSIEU (Jean-Jacques de).

345. — Ancienne porte de Vaize.
A l'encre de Chine, daté de 1785. L'inscription est de la main de l'auteur.

346. — Vue de la douane de Rome. A la mine de

— 51 —

plomb, repris à la plume. — Maison de paysans.
A l'encre de Chine.

Deux dessins.

347. — Mendiant aveugle, assis. — Femme assise, un enfant sur les genoux. A l'encre de Chine. Coll. Lagoy. — Vieille femme et enfant assis devant une table. Au bistre. — Feuille de croquis. A la plume.

Quatre dessins.

348. — Joli paysage : on voit une femme sur un âne suivie d'un homme.

A l'encre de Chine.

349. — Quatre paysages.

A l'aquarelle.

350. — Halte de villageois, près d'une habitation dans une campagne. — Vue du château de Sainte-Colombe en Dauphiné. — Le maréchal-ferrant.

Trois dessins à la pierre noire, sur papier teinté.

351. — Quatre études de paysages. — Un vieillard debout. — Paysans assis dans la campagne.

Six dessins à l'encre de Chine.

352. — Homme les bras croisés, appuyé sur une table. — Homme appuyé sur son coude, vu à mi-corps. — Groupe d'une mère assise avec son enfant sur les bras. — Tête d'enfant.

Quatre dessins à la mine de plomb.

353. — Deux études de fabriques, l'une est de forme ovale. — Étude de rochers. — Un site très-montagneux ; les sommets sont couronnés par des habitations.

Quatre dessins au bistre.

354. — Un fleuve bordé par des montagnes. — Une route sur une côte. A l'encre de Chine. — Trois vues de fabriques italiennes. Au bistre.

Cinq dessins.

355. — Tête d'homme, vue de trois quarts. A la sanguine, rehaussé de blanc. — Tête de vieillard. Au crayon noir rehaussé.

Deux dessins.

BOUCHER (François).

356. — Groupe de trois jeunes femmes nues avec des Amours, composition pour un plafond.

A la sanguine.

357. — Groupe d'Amours dans les nuages.

Aux trois crayons.

358. — Diane, étude pour un plafond.

Aux trois crayons.

359. — Nymphe couchée surprise par un satyre.

Au crayon noir, rehaussé de blanc sur papier bleu.

360. — Tête de jeune fille.

Aux trois crayons.

361. — Tête de jeune fille.

Aux trois crayons.

362. — Un jardinier : dans le fond, un berger et son troupeau.

A la pierre noire.

363. — Bergère, vue de dos, un panier sur la tête.

A la pierre noire.

364. — Jeune homme nu assis.

A la sanguine, rehaussé de blanc. — Collection Lempereur.

365. — Tête d'enfant. A la pierre noire, rehaussé de blanc. — Une tête de jeune femme. — Jeune berger près d'une jeune bergère. A la sanguine.
   Trois dessins.

366. — Quatre têtes d'enfants sur la même feuille. — Trois études de femmes nues sur la même feuille.
   Deux contre-épreuves. — A la sanguine.

367. — Deux bustes de jeunes paysannes, d'après Watteau.
   Aux deux crayons.

BOURDON (Sébastien).

368. — Crucifiement de saint Pierre; première pensée pour le tableau du Louvre.
   A la plume et au bistre.

369. — Le Christ et les enfants; première pensée pour le tableau (n° 39) qu'on voit exposé au Musée du Louvre.
   A l'encre de Chine.

CALLOT (Jacques).

370. — Mort de sainte Thérèse.
   A la plume et au bistre.

CHARDIN (Jean-Baptiste-Siméon).

371. — Femme assise, les deux mains appuyées sur ses genoux.
   Aux deux crayons.

372. — Femme assise et vue de profil; elle tricote.
   Aux deux crayons.

373. — Jeune femme assise.
   Aux deux crayons.

374. — Femme assise un chapelet dans les mains.
A la plume, lavé de bistre et d'indigo.

375. — Paysan couché. A la sanguine. — Au verso, un tabellion.
A la pierre noire et à la sanguine.

COCHIN (Ch.-N.).

376. — Deux portraits d'hommes et un portrait de femme.
Trois dessins à la mine de plomb.

CORNEILLE (J.-B.).

377. — Tête de jeune femme.
A la pierre noire, rehaussé de sanguine.

COURTOIS (Jacques), dit LE BOURGUIGNON.

378. — Officier de cavalerie donnant des ordres; sur la droite un trompette.
A la plume et au bistre. Quelques touches de lavis se trouvent sur la terrasse.

379. — Croquis à la plume pour un combat de cavalerie. Coll. lord Spencers. — Autre croquis, à la plume et lavé d'encre.
Deux dessins.

COUSIN (Jean).

380. — Jupiter dans les airs, imploré par une femme.
A la plume, lavé d'indigo.

381. — Sujet mythologique.
A la plume, lavé d'indigo.

COYPEL (Noël).

382. — Femme nue vue de dos, étude d'après nature.
Aux trois crayons.

COYPEL (Antoine).

383. — Galathée sur les eaux.
Croquis à la pierre noire, légèrement lavé de sanguine.

DE BUCOURT.

384. — Incroyable debout.
A l'aquarelle.

DELARUE.

385. — Sortie d'un fort. — Batterie d'artillerie placée devant une ville fortifiée.
Deux dessins au bistre.

DELAUNE (Étienne).

386. — Feuille de croquis; on remarque une femme assise. — Deux saints et deux saintes, par un anonyme de l'école de Fontainebleau.
Deux dessins.

DESPORTES (François).

387. — Étude de plante.
A la sanguine, rehaussé de blanc sur papier de couleur.

DUMOUSTIER (D.).

388. — Tête d'enfant.
Aux deux crayons.

389. — Portrait du duc d'Orléans, comte de Dunois.
Aux deux crayons.

390. — Deux portraits d'hommes à barbe.
Aux deux crayons.

391. — Portrait ovale d'une jeune femme vue de profil.
Aux deux crayons.

392. — Portrait présumé de Jacques Amyot.
Aux deux crayons.

EISEN (Charles).

393. — Hercule et Omphale. — Jeune femme assise accoudée sur une table ; elle a un chien sur les genoux.
Deux dessins à l'encre de Chine, signés et datés de 1754 et 1757.

FRAGONARD (Jean-Honoré).

394. — Deux amants.
Au bistre.

395. — L'Amour s'approchant d'une jeune fille couchée, d'après un tableau de Guido Cagnacci.
A la pierre noire. — Ce dessin a été gravé par Saint-Non.

396. — Renaud et Armide.
A la sanguine, lavé de bistre.

397. — Mère avec ses enfants, près d'une grande vasque attenante à un monument antique.
A la sanguine.

398. — Entrée d'un bois animé par des figures.
Au bistre.

399. — Tête de vieillard coiffé d'un bonnet de fourrure.
A la plume, lavé de bistre.

400. — Tête d'homme. A l'huile, dans la manière de Rembrandt.

GELLÉE (Claude), dit LE LORRAIN.

401. — Paysage au bord de la mer.

Cette étude est largement indiquée au bistre et à la plume sur un croquis au crayon. On y voit des lignes tracées en sens divers pour déterminer la hauteur de l'horizon et le point de vue. C'est évidemment la première pensée d'un tableau. La composition ne se retrouve pas en entier dans le *liber veritatis*; cependant, dans les n°s 122 et 132 du tome II, dans le n° 14 du tome III, nous voyons au second plan, comme ici, ce rocher couvert d'arbres et formant île, que le peintre avait entrevu dans ses voyages et qu'il aimait à retracer. — Les lignes précédentes sont extraites de la notice, signée par M. Fr. Reiset, qui accompagne le *fac-simile* de M. Alph. Leroy, dans l'ouvrage déjà cité à l'occasion de deux dessins de la collection Desperet, l'un de Léonard de Vinci, l'autre de Rembrandt, qui tous deux sont gravés également en *fac-simile* par M. Alph. Leroy.

402. — Paysage : ruines sur la gauche; un berger à demi-couché près d'un groupe d'arbres sur le premier plan.

A la plume, lavé de bistre, rehaussé de blanc sur papier de couleur.

403. — Ruines d'un temple antique au milieu d'un paysage.

A la plume, au bistre et rehaussé de blanc.

404. — Vue prise à Tivoli : cascades dans une masse de rochers.

A la plume et au bistre.

405. Palais italien entouré d'un massif d'arbres.

A la plume.

406. — Fabriques italiennes.

A la plume.

407. — Groupe d'arbres.

Au bistre.

408. — Un groupe d'arbres; un homme est assis

— 58 —

à leur pied. A la plume et au bistre. — Paysage: fabriques au fond. A la plume et au bistre.

Deux dessins.

409. — Une rue à Rome. — Rochers au bord du Tibre.

A la plume, au bistre et rehaussé de blanc. — Deux dessins.

410. — Un aqueduc. A la pierre noire, et lavé d'encre de Chine. Gravé par Morin. — Voûte conduisant au Colisée. A la plume et au bistre.

Deux dessins.

411. — Paysage: trois vieux arbres au premier plan. A l'encre de Chine. — Rochers couverts d'arbres. A l'encre de Chine. — Un village au milieu d'une campagne. Au bistre.

Trois dessins.

412. — Études d'arbres. A la plume et au bistre. — Fabriques italiennes. — Ruines antiques, croquis à la plume sur papier bleu.

Quatre dessins.

413. — Trois croquis sur la même feuille. — Étude d'arbre.

Quatre dessins à la plume et au bistre.

414. — Deux bâtiments de guerre, à voiles déployées. — Deux bâtiments moins forts.

Deux dessins au bistre.

415. — Deux études de marines.

A la plume et au bistre.

416. — Études de navires.

Deux dessins à la plume, lavés de bistre.

GOUJON (Jean).

417. — Cariatides et ornements d'architecture.

A la plume, lavé de bistre.

GREUZE (Jean-Baptiste).

418. — Jeune fille assise.
    A la sanguine; à la pierre noire et légèrement estompé.

419. — Buste de jeune fille.
    Aux trois crayons.

420. — Tête de jeune fille.
    Aux trois crayons.

421. — Invocation à l'Amour, composition ovale.
    A la plume, lavé d'encre de Chine.

422. — Tête de jeune fille couchée.
    A la sanguine.

423. — Jeune enfant à demi couché. Aux deux crayons. — Croquis pour une bacchante debout. A la plume. — Études d'après un enfant.
    Trois dessins.

424. — Tête d'enfant, vu de trois quarts.
    A la sanguine.

425. — Jeune fille nue et couchée. — Têtes de femme et enfant.
    Trois contre-épreuves à la sanguine.

HUET (J.-B.).

426. — Têtes d'ânes bridés; au bistre, signé et daté de 1785. — Têtes de moutons; aux deux crayons, signé et daté de 1793.
    Deux dessins.

427. — Des animaux près d'une chaumière.
    Aux deux crayons, signé et daté de 1771.

428. — Deux plantes de pavots, dessin signé et daté de 1756.
    A la sanguine.

JOUVENET (Jean).

429. — La Présentation au temple, important dessin du maître.

<small>A la plume, lavé à l'encre de Chine et rehaussé de blanc.</small>

430. — Études pour le tableau de la Pêche miraculeuse que l'on voit au Louvre.

<small>Au crayon noir.</small>

LAGNEAU.

431. — Portrait d'une vieille femme, la est tête entourée d'un mouchoir.

<small>Aux trois crayons.</small>

LEMERCIER, architecte.

432. Projets d'architecture.

<small>Deux dessins à l'aquarelle; l'un d'eux est signé.</small>

LÉPICIÉ.

433. — Tête de jeune paysanne vue de trois quarts.

<small>Contre-épreuve. — A la sanguine.</small>

LOO (Carle Van).

434. — La Descente de croix. — Au verso : l'Apothéose de saint François.

<small>A la plume.</small>

435. — Portrait d'une jeune femme.

<small>A la sanguine.</small>

MARNE (Jean-Louis de).

436. — Un petit château dans un îlot au milieu d'une rivière.

<small>A l'encre de Chine.</small>

437. — Étude peinte à l'huile sur papier.

438. — Paysages : un gros chêne près d'un pont. A la mine de plomb et lavé. — Une tour dans une île au milieu d'une rivière. A la pierre noire et à l'encre.
Deux dessins.

439. — Deux paysages.
A l'aquarelle.

440. — Repos de villageois près de leur troupeau. A l'encre de Chine. — Une charrette suivie d'animaux. — Deux études de ruines. A la pierre noire.
Quatre dessins.

MIGNARD (Pierre).

441. — Son portrait, de grandeur naturelle.
A la pierre noire, rehaussé de blanc.

MOINE (François Le).

442. — Études de mains et de pieds. — Autre étude, par Massé.
Deux dessins à la sanguine et à la pierre noire.

443. — Portrait de femme.
Au crayon noir, rehaussé de blanc, signé de 1782.

NAIN (Le).

444. — Groupe de figures pour une bacchanale. — Tête de femme âgée.
Deux dessins à la pierre noire.

NANTEUIL (Robert).

445. — Tête d'homme. — Portrait d'Israël Silvestre, par un anonyme.
Deux dessins à la sanguine.

NATOIRE (Charles-Joseph).

446. — Jeune femme assise.
A la pierre noire, rehaussé de blanc. — Collection Lempereur.

447. — Grosse tête d'enfant.
Aux trois crayons.

OUDRY (Jean-Baptiste).

448. — La Chasse au cerf. Très-beau dessin.
A la plume, lavé d'encre et rehaussé de blanc sur papier de couleur.

449. — Deux vues de parcs prises à Arcueil.
Au crayon noir et blanc, sur papier de couleur.

450. — Paysage : sur la gauche on aperçoit une chaumière derrière de grands arbres.
A la pierre noire, rehaussé de blanc sur papier de couleur.

451. — Paysage. A l'encre de Chine. — Un chien qui s'élance. Aux trois crayons. — Un chat couché. A la pierre noire, rehaussé de blanc. Ces deux derniers dessins sont sur papier de couleur.
Trois dessins.

PARROCEL (Joseph).

452. — Paysage : dans le lointain la vue d'une ville. Au bistre. — Cavalier endormi. A la pierre noire, rehaussé de blanc.
Deux dessins.

PATEL, LE PÈRE.

453. — Paysage : sur le premier plan, ruines d'un temple antique.
A la pierre noire et à l'aquarelle.

PÉRIGNON (N.).

454. — Rue dans un village. — Une place publique.
Deux dessins à l'aquarelle.

PILON (Germain).

455. — Six études de la Vierge debout avec l'enfant Jésus.
   A la plume.

PORTAIL.

456. — Jeune homme, le coude appuyé sur un meuble. Aux deux crayons. — Jeune femme vue de profil. A la pierre noire, dessin attribué à Watteau. — Trois figures de jeunes seigneurs. A la pierre noire, par Pater.
   Trois dessins.

POUSSIN (Nicolas).

457. — La Continence de Scipion.
   Superbe dessin du maître, exécuté à l'époque où il a peint la seconde suite des Sacrements.

458. — Dieu maudit Caïn après le meurtre d'Abel.
   Très-beau dessin à la plume, lavé de bistre.

459. — Choc de cavalerie.
   Très-beau dessin à la plume et au bistre.

460. — Deux beaux croquis pour des sujets inconnus dans lesquels on remarque des chevaux; ces dessins sont de la vieillesse du maître, et ont été exécutés sur une lettre de sa main.

461. — Prisonniers amenés devant saint Léon.
   A la sanguine, repris à la plume et lavé de bistre.

462. — Mercure sur le mont Cythéron.
   A la plume, très-légèrement lavé au bistre.

463. — Croquis à la plume, d'après la Peste, célèbre composition de Raphaël.

464. — Sujet mythologique : on remarque une chèvre qui pose les pattes sur une table. Beau dessin de la vieillesse du maître. A la plume, lavé au bistre. — Projets pour des compositions sculpturales où figurent des jeunes gens et des chevaux. A la plume, lavé à l'encre de Chine.

Deux dessins.

465. — Charmant croquis pour une bacchanale. A la plume. — Lutte de deux jeunes gens. A la plume, légèrement lavé.

Deux dessins.

466. — Bas-relief antique. — Bacchantes couchées à terre. — Faunes dansant, etc.

A la plume, lavé de bistre.

467. — Feuille d'études dans laquelle on remarque des chevaux marins et des têtes de guerriers.

A la plume, lavé de bistre.

468. — Vue de monuments antiques dans le Campo-Vaccino.

Au bistre.

469. — Ulysse et Calypso. — Vénus apporte des armes à Énée.

Deux dessins à la plume, lavés.

470. — Figures d'après l'antique. — Trois études d'hommes, l'un drapé, les deux autres nus. — Étude de deux guerriers et d'une femme assise à demi nue.

Trois dessins au bistre.

471. — Sarcophage antique. A la plume et au bistre. Vase Médicis. A la plume, lavé de sanguine. — Plusieurs masques antiques. A la plume et au bistre.

Trois dessins.

472. — Détails pris dans des sculptures antiques. — Porte d'une décoration architecturale.

Deux dessins à la plume.

473. — Montagne couverte de fortifications, au bas de laquelle se trouve une ville; un temple sur le premier plan.

A la plume et à l'encre de Chine.

474. — Baigneuses sur le bord d'une rivière; dans le fond des fabriques.

A l'encre de Chine.

PRINCE (Jean-Baptiste Le).

475. — Portrait d'une jeune femme coiffée d'un bonnet.

A la sanguine.

476. — Maison de campagne sur les bords d'une rivière.

A l'encre de Chine.

477. — Paysage : les bords d'une rivière. A la pierre noire, rehaussé de blanc sur papier bleu. — Étude d'une chaumière attenante à une plus grande habitation. A la plume et au bistre.

Deux dessins.

478. — Paysage : groupe de villageois; animaux près d'une maison de campagne. Au bistre. Signé et daté de 1776. — Deux paysages. A la pierre noire.

Trois dessins.

PUGET (Pierre).

479. — Projet pour une fontaine. Très-beau dessin A la plume, lavé au bistre.

480. — Saint Sébastien : première pensée pour la figure qu'il a exécutée en marbre à Gênes. A la plume. — Diverses études pour des figures de saints. A l'encre de Chine.

<blockquote>Deux dessins.</blockquote>

RESTOUT (Jean).

481. — Le Christ agonisant. — Dieu porté par les anges.

<blockquote>Deux dessins à la plume, lavés et rehaussés sur papier de couleur.</blockquote>

RIGAUD (Hyacinthe).

482. — Portrait d'un magistrat à mi-corps. — Étude de main.

<blockquote>Deux dessins à la pierre noire.</blockquote>

ROBERT-HUBERT.

483. — Ruines antiques animées par plusieurs figures.

<blockquote>A l'encre de Chine et à l'aquarelle.</blockquote>

484. — Paysage : cascade dans une masse de rochers.

<blockquote>Dessin de forme ronde ; à la pierre noire. — Signé et daté de 1765.</blockquote>

485. — Études d'après des monuments antiques, animées par des figures.

<blockquote>Deux dessins à la sanguine.</blockquote>

486. — Etude pour une laveuse. A la sanguine. — Homme jouant de la mandoline. — Brigand italien. A la pierre noire, rehaussé de blanc sur papier de couleur.

<blockquote>Trois dessins.</blockquote>

SUEUR (Eustache Le).

487. — La Vierge montant les degrés du temple (Montaiglon, p. 83[1]).
Au crayon noir, et mis aux carrés à la sanguine.

488. — Saint Paul guérissant un possédé, p. 88.
Aux trois crayons.

489. — Scène de la vie d'une sainte, p. 90.
A la pierre d'Italie, lavé d'encre de Chine.

490. — Deux jeunes gens agenouillés devant un autel, p. 94.
Au crayon noir et mis aux carrés.

491. — Première pensée de l'Alexandre de M. de Nouveau, p. 97.
Dessin de forme circulaire à la plume et au crayon, avec les indications perspectives écrites de la main de Lesueur.

492. — Apollon et les neuf Muses, p. 94.
Dessin circulaire, lavé de bistre sur crayon.

493. — Mariage à l'antique, p. 98.
Au crayon, lavé de bistre.

494. — La figure de saint Paul pour le tableau du musée du Louvre : sainte Scholastique apparaissant à saint Benoît, p. 104.
A la pierre d'Italie et rehaussé de blanc.

495. — Figures de l'Apôtre, les yeux au ciel, et de la jeune fille, copiées d'après le tableau du Poussin :

---

1. Ce dessin, ainsi que les treize suivants, ont été décrits par M. A. de Montaiglon dans son Catalogue des dessins d'Eustache Lesueur. *Paris, J.-B. Dumoulin*, 1852.

Jésus-Christ remettant les clefs à saint Pierre, p. 106.
A la sanguine.

496. — Junon assise sur les nuages, p. 106.
A la pierre d'Italie.

497. — Neptune, sur sa conque, traîné par quatre chevaux marins, p. 106.
Au crayon noir.

498. — Deux figures d'Amours, sur deux feuilles, p. 108.
A la pierre d'Italie et mis aux carrés.

499. — Deux anges à genoux se faisant face.
A la pierre noire, rehaussé de blanc sur papier de couleur.

500. — Le Baptême de Jésus-Christ.
Grand croquis à la pierre noire.

501. — L'Aurore conduisant les chevaux d'Apollon.
Grand dessin de forme circulaire; à la plume, lavé de bistre.

502. — Étude pour une prédication de saint Paul. A la pierre noire. — Deux figures de Muses. A la sanguine.
Deux dessins.

503. — Femme nue et renversée.
A la pierre noire, rehaussé de blanc.

504. — Figure de femme à demi couchée; elle est coiffée de pampres et s'appuie sur une urne.
A la pierre noire, sur papier teinté.

505. — Deux figures de femmes couronnées de lauriers : au bas, Romulus et Rémus allaités par la louve.
A la pierre noire.

506. — Deux études de femmes : l'une assise, vue de dos, l'autre à mi-corps, vue de profil.

A la pierre noire, rehaussé de blanc sur papier de couleur.

507. Le Christ mis au tombeau. A la plume, lavé d'encre de Chine. — Le même sujet. A la plume, lavé de bistre.

Deux dessins.

508. — Sacrifice pour un mariage antique. Au crayon noir, rehaussé de blanc sur papier de couleur.
— Saint décapité enlevé par des anges. A la sanguine.

Deux dessins.

509. — Étude pour un licteur. — Homme debout drapé.

Deux dessins à la pierre d'Italie.

TOUR (Maurice Quentin de La).

510. — Portrait d'homme.

Au pastel.

511. — Étude pour un portrait d'homme assis, le coude appuyé sur une table.

A la pierre noire, rehaussé de blanc sur papier bleu.

SAINT-AUBIN (Augustin de).

512. — Deux jeunes femmes et un jeune homme assis autour d'une table, considèrent des enfants qui jouent par terre.

A la mine de plomb.

SILVESTRE (Israël).

513. — Vue de l'église Saint-Jean de Lyon.

A la plume, signé.

SILVESTRE (Louis).

514. — Cascade à Tivoli.
   A l'aquarelle.

STELLA (Jacques).

515. — Le Roi boit, composition de treize figures.
   A la plume, lavé à l'encre de Chine.

516. — Ariane abandonnée, dessin signé et daté de l'année 1633.
   A la sanguine, lavé de bistre.

VALENTIN.

517. — Trois hommes vus à mi-corps, au jeu.
   A la plume et au bistre.

VERDIER (François).

518. — La Samaritaine. A la pierre noire et lavé. — Tête de jeune femme. Au crayon noir. — Femme agenouillée. A la sanguine.
   Trois dessins.

VERNET (Joseph).

519. — Le Temple de la sibylle à Tivoli.
   A l'encre de Chine.

520. — Vue intérieure du Colisée, à Rome. — Monument antique.
   Deux dessins à la pierre noire.

521. — Deux paysages, de forme ronde, animés par des figures. — Deux autres paysages; ruines et ponts.
   Quatre dessins à la plume et au bistre.

WATTEAU (Antoine).

522. — Six têtes de différents âges et de différents sexes, d'après Lenain.
A la sanguine, rehaussé de blanc.

523. — Jeune femme assise, vue de dos. — Jeune enfant à mi-corps.
Deux dessins à la sanguine.

524. — Jeune femme vue de dos. A la pierre noire. — Tête de jeune fille. A la sanguine.
Deux dessins.

525. — Jeune femme debout. — Jeune femme assise lisant.
Deux dessins à la sanguine.

526. — Feuille d'études : on remarque une jeune femme assise, d'autres debout; plusieurs têtes et figures d'animaux. A la sanguine. — Portrait d'une jeune femme vue de profil. A la sanguine, rehaussé.
Deux dessins.

527. — Portrait d'une jeune femme vue de profil.
Aux deux crayons. — Contre-épreuve.

528. — Étude de femme à demi nue. A la sanguine. — Les Comédiens-Français. Au crayon noir.
Deux dessins.

529. — Études de bras, de mains et tête de femme légèrement indiquée. A la pierre noire et à la sanguine. — Étude de mains : l'une d'elles tient un fusil. — Costume polonais. A la sanguine.
Quatre dessins.

530. — Étude d'une figure pour une Adoration des

rois, d'après Rubens. — Étude de têtes, d'après un maître flamand.

<small>Deux dessins à la sanguine.</small>

531. — Jeune femme assise, vue de dos. A la sanguine, rehaussé de blanc. — Deux jeunes gens dont l'un est assis. — Étude pour une halte militaire. — Une jeune femme assise, par Pater. A la sanguine.

<small>Quatre dessins.</small>

532. — Paysage. Jeune homme vu de dos. — Paysage : un chasseur ; une femme sur une balançoire. — Une jeune fille adossée à un rocher, par Lancret.

<small>Quatre dessins à la sanguine.</small>

533. — Jeune homme debout. — Étude de main tenant une crosse de fusil. — Sujet familier, par Gillot. — L'Enfant à la marmotte.

<small>Quatre dessins à la sanguine.</small>

DESSINS MODERNES.

BONVIN.

534. — Tête d'enfant. Au crayon, sur papier gris. Paysage : sur le premier plan, une jeune fille assise, par Jeanron. A la pierre noire, lavé. — Deux paysages attribués à Cabat.
Quatre dessins.

CHARLET (N.-T.).

535. — Vieillard assis.
A la mine de plomb.

DAUBIGNY.

536. — Étude d'un vieux chêne sur la lisière d'un bois.
A la mine de plomb, lavé à la sépia.

DAVID (Louis).

537. — Régulus.
A la pierre noire, rehaussé de blanc sur papier de couleur.

DECAMPS.

538. — Samson combattant les Philistins. Première pensée pour un célèbre tableau du maître.
Au fusain, lavé d'encre de Chine.

539. — Première idée pour la Bataille des Cimbres.
Au fusain, rehaussé.

540. — Un cavalier oriental. Étude pour un tableau qui a été lithographié par Eugène Le Roux.
Au fusain, rehaussé de blanc.

541. — Oriental traversant un gué.
Au fusain, rehaussé.

542. — Les Voleurs et l'Ane. Premier jet d'une composition gravée par Masson.
Au fusain, rehaussé de blanc sur papier de couleur.

543. — Un Marché en Orient, première pensée pour un de ses tableaux.
Au fusain, rehaussé de blanc.

544. — Paysage : près d'un groupe de deux arbres, on remarque deux Orientaux.
Au fusain, rehaussé de blanc au pinceau.

545. — Chemin montueux, à Fontainebleau.
Au fusain, rehaussé de blanc.

546. — Un religieux debout.
A la mine de plomb et à la sépia.

547. — Un Oriental assis, la pipe à la main.
Au crayon noir.

DROLLING (Martin).

548. — Jeune garçon assis, les deux mains appuyées sur un bâton.
A la sanguine.

GÉRICAULT (Jean-Louis-André-Théodore).

549. — Cinq belles études de lions et lionnes.
A la mine de plomb.

550. — Deux Études, l'une pour un chariot d'artillerie, l'autre pour une charrette.
A la mine de plomb.

551. — Chevaux du train d'artillerie. — Cheval avec sa couverture.

Deux dessins à la pierre noire et lavés d'encre.

552. — Étude d'après la statue équestre de Marc-Aurèle, à Rome. A la mine de plomb. — Étude pour une composition d'Ugolin dans sa prison. A la plume.

Deux dessins.

GRANDVILLE (J.-J.).

553. — Son portrait, d'après David d'Angers. A la plume. — Six différents croquis à la plume et un à la mine de plomb.

Sept dessins.

INGRES.

554. — Portraits d'homme et de femme.

Deux dessins à la mine de plomb.

555. — Le Naufrage d'Ulysse, dessin du maître pour le concours au prix de Rome.

Au crayon, lavé et signé.

556. — Mélicerte, d'après la statue antique.

A la pierre noire.

LAROCHE (L.).

557. — Paysage.

Au crayon noir, sur papier de couleur.

MARILHAT.

558. Vue prise au bord du Nil.

Très-belle étude à la mine de plomb.

559. — Deux Arabes montés sur des chameaux.

A la pierre noire.

560. — Paysage : plusieurs vaches au pied d'un groupe d'arbres sur les bords d'une rivière.
A la mine de plomb.

PRUDHON (Pierre-Paul).

561. — Têtes de Mercure et de la Folie.
Deux dessins à la pierre noire, rehaussés de blanc sur papier bleu.

RAFFET.

562. — Napoléon en pied.
A la sépia.

DESSINS EN LOTS.

563. — Femme nue debout, par Fra Bartolommeo. — Jeune homme nu assis, par And. de Verrocchio.

    Deux dessins à la sanguine et au crayon noir.

564. — Deux saints debout, par le Garafalo. — Le Christ flagellé, par Donatello. — La Sainte Famille, par Fra Bartolommeo. — Moïse foulant aux pieds la couronne de Pharaon, par Ghirlandajo.

    Quatre dessins à la plume et à la pierre noire.

565. — La Cène, par Lorenzo di Credi. — Deux têtes de religieux, Jésus saisi par les Juifs, par des anonymes du xvie siècle.

    Quatre dessins à la plume, à la pierre noire et à la sanguine.

566. — Dalila coupant les cheveux à Samson, par un anonyme du xvie siècle. — La Vierge et l'enfant Jésus, Sainte Famille, par B. Luini. — Caricature, d'après L. de Vinci.

    Quatre dessins à la sanguine et au bistre.

567. — Homme couché, attribué à A. de Verrocchio. — Portrait d'homme, par Velasquez. — Paysage et portrait d'homme, attribués au Titien.

    Quatre dessins à la pierre noire et à la plume.

568. — Tête d'enfant, Buste d'un Amour, l'Ange arrêtant Abraham, par le Corrége.
Trois dessins à la pierre noire.

569. — Académie d'homme, par un anonyme du XVIᵉ siècle. — Saint Jean enfant, par J. Cavedone. — Jeune chevalier debout, par le Titien.
Trois dessins à la pierre noire, rehaussée.

570. — Sujet de la vie de saint Antoine de Padoue, attribué à Murillo. — Saint Dominique, par Antonio Campi. — Portrait de Michel-Ange, par un anonyme.
Trois dessins à la plume et au crayon, rehaussés.

571. — Triomphe de Bacchus, par Sandro Boticelli. — Homme dans la douleur, par F. Melzi. — Jésus à table chez le Pharisien. — Jésus parmi les docteurs, par des anonymes du XVIᵉ siècle.
Quatre dessins à la plume et au bistre.

572. — Bas-relief, par Polydore de Caravage. — Descente de croix, par Gaudenzio Ferrari. — Jésus remettant les clefs à saint Pierre, par le Dominiquin. — Muse, par Pellegrino Tibaldi.
Quatre dessins à la plume, à la pierre noire et au bistre.

573. — Académie d'homme, par Daniel de Volterre. — La Nativité, par Polydore de Caravage. — Marche de guerriers, par Becafumi.
Trois dessins à la sanguine et au bistre.

574. — Têtes d'hommes, académies d'après Michel-Ange.
Cinq dessins à la pierre noire et à la sanguine.

575. — Martyre de saint Laurent, Dieu sur des

nues, Buste d'enfant, et Sujet de plafond, par le Dominiquin.

<small>Quatre dessins à la plume, à la pierre noire et à l'encre de Chine.</small>

576. — Évangéliste, par Polydore de Caravage. — Bas-relief et sujet mythologique, par J. Romain.

<small>Trois dessins à la sanguine, à la plume et au bistre.</small>

577. — L'Adoration des bergers, Deux Sibylles, par Polydore de Caravage. — Études de vierges, la Sainte Famille, par Perino del Vaga.

<small>Quatre dessins au bistre et à la sanguine.</small>

578. — La Vierge et l'enfant Jésus, Groupes du Jugement dernier, Femme allant faire une offrande; de l'école de Michel-Ange.

<small>Quatre dessins à la sanguine et à la plume.</small>

579. — Saint Pierre et saint Paul, par un anonyme du XVIe siècle. — Sainte Famille, par le Pésarèse. — Figure d'après nature, attribuée à Mantegna. — Sujet de l'histoire, par J. Romain.

<small>Quatre dessins au bistre, rehaussés.</small>

580. — Abraham prêt à immoler Isaac, Tête de jeune femme, Homme nu, d'après le Jugement dernier de Michel-Ange. — Homme drapé, Hommes descendant un escalier, par André del Sarte.

<small>Cinq dessins à la pierre noire et à la sanguine.</small>

581. — Jésus guérissant les boiteux, Mars et Vénus, Persée et Andromède, Homme nu, Tête de vieillard, par le Parmesan.

<small>Cinq dessins à la plume et à la sanguine.</small>

582. — Dieu le Père débrouillant les ténèbres, d'après Michel-Ange. — Cléopâtre, par C. Cignani. — Trois académies, par Passarotti et Pontormo.

<small>Cinq dessins à la sanguine et à la plume.</small>

583. — Portraits d'hommes et de femmes, par Seb. del Piombo, Zuccaro et J. Mutian.
   Six dessins aux trois crayons.

584. — Jésus à genoux aux pieds de sa mère, accompagné des douze apôtres et des saintes femmes, Divers croquis sur deux feuilles, Cinq Amours, suivis d'un autre Amour à cheval, d'après Raphaël.
   Quatre dessins à la plume et au bistre.

585. — Académie d'homme, par P. Véronèse. — Première pensée pour la Vierge à la rose, deux Têtes d'études. — Vénus et les Amours, par le Primatice.
   Quatre dessins à la plume et à la pierre noire.

586. — Les Sibylles, par André del Sarte. — Jeune femme avec son enfant. — Tête de jeune fille. — Deux croquis.
   Cinq dessins à la sanguine et à la plume.

587. — Femme assise, par D. Fetti. — Deux saints debout, par Perino del Vaga. — Tête d'homme, par Murillo. — Enfant tenant une tête de mouton, par Aug. Carrache. — Tête d'homme, par C. Maratte.
   Cinq dessins au bistre et à la sanguine.

588. — Jésus au milieu des docteurs, par le Tintoret. — Études, par F. Vanni. — Soldats avec leurs maîtresses, par le Padouan. — L'Incrédulité de saint Thomas, deux figures de saints, par Salviati.
   Six dessins au bistre et au crayon noir.

589. — Cinq dessins, par Jules Romain, Gouaspre, Poussin et autres.

590. — Six dessins, par B. Peruzzi, Timothée del Viti, J. Romain et autres.

591. — Six dessins à la plume, par le Guerchin.

592. — Six dessins, par Girolamo da Carpi, le Dominiquin, le Primatice et And. del Sarte.

593. — Huit dessins, par le Giorgion, Maturino, C. Maratte et autres.

594. — Huit dessins, par Tintoretto, F. Viena, P. Bordone, And. del Sarte, Dossi Dosso et autres.

595. — Huit dessins, par Salviati, le Bassan, Salvator Rosa et autres.

596. — Huit dessins, par Salviati, Ribera et autres.

597. — Huit dessins, par André del Sarte, le Dominiquin et le Guerchin.

598. — Huit dessins, par Bandinelli, le Dominiquin et autres.

599. — Dix dessins, par Salvator Rosa, Salviati, Zuccaro, le Guerchin et autres.

600. — Sujet de plafond, Buste de vieillard, Évangéliste, par D. Tiepolo.
Trois dessins à la plume et au bistre.

601. — Marine devant un palais, aqueducs, par Panini. — Vue de Rome, par Piranèse.
Trois dessins à la plume, lavés à l'encre et au crayon noir.

602. — Onze dessins de décorations de la Renaissance, par Della Bella, Jean Bullan et autres.

603. — Quatorze dessins de motifs d'architecture et

de décoration de la Renaissance, par Perino del Vaga, Salviati et autres.

604. — La Descente de croix, par un anonyme de l'école allemande du xve siècle.

605. — Enfant assis, par Alex. Maïr, signé et daté de 1583. — Homme coiffé d'un turban, par Wenceslas d'Olmutz. — Homme tenant un bâton, par L. de Leyde.

<small>Trois dessins à la plume.</small>

606. — Cavalier mort, par M. Schongauer. — Soldat perçant un arbre, par Hans Burgmaïr. — Saint à genoux, par Is. de Mecken et autres.

<small>Six dessins à la plume, lavés.</small>

607. — Sainte Famille. — Jupiter et Calisto, par Rubens.

<small>Deux dessins au crayon noir et au bistre.</small>

608. — Évêque debout, Deux combats de cavaliers, attribués à Rubens. — Sainte Famille, par Van Dyck.

<small>Quatre dessins à la pierre noire et à la plume.</small>

609. — Portrait du marquis de Mirabelle, d'après Van Dyck. — Femme appuyée dormant, par J. Miel. — Halte, par Wouwermans et autres.

<small>Cinq dessins à la pierre noire et à la sanguine.</small>

610. — Portrait de Anne, comtesse de Bedford, d'après Van Dyck. — Le bon Samaritain, par Dietterlin.

<small>Deux dessins à la pierre noire et à la plume.</small>

611. — Le Christ mort, par Van Dyck. — Saint François, par Seghers. — Académie, par Rubens, d'après Michel-Ange.

<small>Trois dessins à la plume, lavés, à la pierre noire et à la sanguine.</small>

612. — Femme à genoux de G. Flinck. — Hommes debout, par Koningh. — Réunion de seigneurs, par Palamède.

<small>Trois dessins à la pierre noire, à la sanguine et à l'encre de Chine.</small>

613. — Paysages, par Everdingen, Van Lieder, Fouquier, Pannini et autres.

<small>Cinq dessins à l'aquarelle.</small>

614. — Satyres surprenant des nymphes, par Poellembourg. — Sujet de l'histoire d'Ulysse, par J. Jordaëns et autres.

<small>Cinq dessins au bistre et à la sanguine.</small>

615. — Jeune homme endormi, par Weenix. — Homme couché, par Verschuring. — Homme jouant de la guitare, par Palamède. — Homme vu de dos, par Bega. — Paysans en goguette, par A. Brawer.

<small>Cinq dessins à la pierre noire et à la plume.</small>

616. — Gibier mort, par Snyders. — Paysage, par Swanevelt. — Ruines, par Verschuring et autres.

<small>Cinq dessins à la plume et à l'encre de Chine.</small>

617. — Le Chirurgien de village, par Isaac Ostade. — Homme coiffé d'un turban assis, par Bramer. — Buste de vieille femme, par Mieris. — Femme vue de dos, par C. Bega. — Deux hommes debout, par A. Cüyp. — Les Musiciens, par Ch. Echard.

<small>Six dessins à la pierre noire, à la sanguine et à l'encre de Chine.</small>

618. — Cinq dessins, par P. Potter, S. de Vlieger, Van Blomen et Snyders.

619. — Cinq paysages au bistre et à l'encre de Chine, par Van Uden, Eerdingen, Verboom et Gilles Neyts.

620. — Six dessins, par F. Duquesnoy, Diepenbeck, Rubens et Vander Meulen.

621. — Huit dessins, par P. Potter, P. de Molyn, D. Teniers, Wouwermans et autres.

622. — Neuf dessins, par Moyaërt, Breemberg, Vander Kabel, Jean Asselin, P. Bril et autres.

623. — Études de figures, Vue du Capitole, par Cl. Lorrain. — Paysages, par G. Poussin.
Trois dessins au bistre, à l'aquarelle et à la plume.

624. — Sarcophages, bas-reliefs, Cérès, par Nic. Poussin.
Trois dessins.

625. — Paysages, par Claude Lorrain.
Quatre dessins à la plume et à la pierre noire.

626. — Paysage, Bas-relief, Tête de femme, Femme debout, par N. Poussin.
Quatre dessins.

627. — Paysages et fabriques, par N. Poussin.
Quatre dessins.

628. — Bas-reliefs d'après l'antique, sujets de plafonds, par le Poussin.
Cinq dessins à la plume et au bistre.

629. — La Vierge apparaissant à saint Luc, par Verdier. — Étude d'homme, par J. Dumont. — Homme agenouillé, par de Troy. — Femme sur des nues, par Ph. de Champagne. — Jupiter et Junon.
Cinq dessins au crayon noir et à la sanguine.

630. — Compositions pour les Travaux d'Hercule.

— Noé dans l'ivresse. — Jeunes enfants vendangeurs. — Deux sujets d'après l'antique.

Six dessins à la plume et au bistre.

631. — Sujets d'après l'antique, par N. Poussin.

Six dessins au bistre.

632. — Portrait de N. Poussin. — Sujets d'après l'antique. — Sujet d'après A. Carrache.

Six dessins à la sanguine, à la plume et au bistre.

633. — Muse appuyée. — Deux femmes assises. — Femme à genoux. — Figure allégorique. — Jésus sur les degrés du temple. — Deux figures allégoriques. — Le Temps découvre la Vérité. — Le Martyre de saint Laurent, attribués à Lesueur.

Sept dessins à la sanguine, à la pierre noire et à la plume.

634. — Le Triomphe d'Amphitrite, par L. de Boullogne. — Sainte Famille, par un anonyme. — Les Compagnons d'Ulysse changés en bêtes, attribué au Poussin.

Trois dessins à la plume et au bistre.

635. — Femme à genoux, par Ph. de Champagne. — Le Jugement dernier, par Vanloo et autres.

Six dessins à la pierre noire et à la plume.

636. — Allégorie à l'incendie de l'Hôtel de Ville, peinte sur un des côtés de l'escalier, par Puget. — Muse et bas-relief, par Pajou. — Projet de fontaine, par Lepautre. — Amours : deux sujets de plafond.

Six dessins à la pierre noire, à la sanguine et à l'aquarelle.

637. — Le Christ portant sa croix. — Évangéliste, par Lanfranc. — Bacchantes et autres.

Six dessins à la plume et à l'encre.

638. — Six portraits de femmes et d'un homme, aux trois crayons, par Vanloo, Mme Le Brun et autres.

639. — Femme drapée, par Lesueur. — Paysages, par Vander Meulen. — Le lendemain du mariage, par Trinquesse et autres.
Huit dessins aux trois crayons, à la pierre noire et à la plume.

640. — Un jeune seigneur avec deux jeunes dames en costume Louis XVI, par Carmontel. A l'aquarelle.

641. — Quatre frises d'Amours, par Touzé. A la mine de plomb.

642. — Études de mains. — Draperie, par Prudhon.
Sept dessins à la sanguine et à la pierre noire.

643. — Huit paysages, par J. Vernet, L. Moreau, Fabert, Wille, Nicolle, Houel et Boissieu.

644. — Têtes d'hommes et de vieillards, par Bley, élève de J.-J. de Boissieu.
Quatre dessins à la pierre noire et à la sanguine.

645. — La Petite marchande, Tour de campagne, par H. Fragonard.
Deux dessins au bistre.

646. — Ruines, par L. Moreau. — Paysage de forme ronde, où l'on voit deux baigneuses.
Deux petits dessins à l'aquarelle.

647. — Quatorze dessins par David, Hennequin, Granet, Prudhon, Drouais et autres.

648. — Sous ce numéro, il sera vendu plusieurs lots de dessins de toutes les écoles.

ESTAMPES ANCIENNES

ANONYME.

1. — Le Massacre des Innocents, sujet tiré d'un livre d'heures, sur vélin. — La Fuite en Égypte, dessin à l'aquarelle.

ANONYME DE L'ÉCOLE ALLEMANDE (DU XVe SIÈCLE).

2. — Quatre petits sujets de la vie du Christ, gravés dans le goût de Martin Schongauer. — Quatre autres petits sujets de sainteté d'une époque postérieure. 8 p.

ANONYME DE L'ÉCOLE ALLEMANDE (DU XVIe SIÈCLE).

3. — Un roi et une reine à genoux : dans le fond, une ville. Pièce gravée dans le goût de Martin Zagel.

ANONYME DE L'ÉCOLE FRANÇAISE (DU XVIe SIÈCLE).

4. — Trois costumes d'hommes, dont un assis ; de la cour de François Ier. Pièces gravées à l'eau-forte.

ANONYME DE L'ÉCOLE FRANÇAISE (DU XVIIe SIÈCLE).

5. — Deux paysages, gravés dans le goût de Cl. Lorrain.

ANONYMES DE L'ÉCOLE HOLLANDAISE.

6. — Halte à la porte du cabaret. — Cavalier devant un poteau. — Deux pièces gravées dans le goût de Le Ducq.

7. — Trois hommes et deux femmes assis à une table. Pièce gravée à l'eau-forte.

ANONYMES ITALIENS (DU XVᵉ SIÈCLE).

8. — L'Espérance, la Charité, la Chronologie, la Géométrie. 4 p. faisant partie d'une suite de 50 estampes, connue sous le nom de Cartes de tarots; elles sont doublées.

9. — La Vierge sur un trône. — La Vierge et l'enfant Jésus. — Saint Jérôme et le Jeune homme au palmier, par B. Mantegna. 4 p.

ANONYME (DU XVIᵉ SIÈCLE).

10. — Les Sibylles, d'après Raphaël. Pièce gravée dans le genre de J. de Bresse. Belle épreuve.

BARLOW & TH. NEALE.

11. — Différents oiseaux. 4 p.

BAROCHE & AUTRES.

12. — La Vierge sur les nues (copie). — L'Annonciation. — Le Christ mis au tombeau. — Sainte Famille, par le Guide. — Saint Joseph, par Carpioni. — L'Amour endormi. — Amours jouant de l'arc. — Saint Jérôme, par Carpioni, etc. 10 p.

BAUER (J.-W.).

13. — Halte de cavaliers. Belle épreuve.

BEGA (C.)

14. — L'homme avec la main dans le pourpoint (10). — La Vieille tenant un grand pot (12). — Le Fumeur (13). — Les Deux amoureux (25). — Les Trois buveurs (29). — La Vieille aubergiste (32). — Le Cabaret (35). 7 p.

BERGHEM (N.).

15. — La Vache qui s'abreuve. — Le Berger jouant du flageolet. — Petits sujets d'animaux. 12 p.

16. — Différents sujets d'animaux. 17 p.

BOISSIEU (J.-J. De).

17. — Vieillard jouant de la vielle. — Tête d'homme. — Deux feuilles de croquis. 4 p.

18. — Le Charlatan. — Vue d'Aquapendente, sur la route de Sienne. — Le Moulin, de Ruysdaël. — L'Été et le Printemps. 5 p.

19. — Fête de village. — Les bords de la rivière d'Ain. — Deux têtes de vieillards. — Les Moissonneurs. 5 p.

20. — Temple de Cécilia Métella. — Fête de village. — Vue de Saint-Andéol. — Vue du temple de Vesta : deux épreuves, dont une sur papier de Chine. 5 p.

21. — La Leçon de botanique. — Paysages. 8 p.

22. — Petits paysages et deux portraits. 12 p.

23. — Portraits. — Feuilles de croquis. — Homme jouant du hautbois, etc. 12 p.

24. — Différentes pièces de son œuvre. 28 p.

BOLSWERT (S.-A.).

25. — Marche de Silène, d'après Van Dyck. Belle épreuve avec l'adresse de N. Lawers.
26. — Trois paysages d'après Rubens. Belles épreuves.

BOOM (A.-H.-V.).

27. — Le Hameau. — La pièce d'eau (B. 1 et 2). Belles épreuves.

BONASONE (J.).

28. — Étude d'une figure nue d'après Michel-Ange (B. 79). Belle épreuve avec marge.
29. — Clélie traversant le Tibre (83). Belle épreuve.
30. — Silène monté sur un âne (88). Belle épreuve.
31. — Pluton descendant aux enfers. — Neptune tiré dans son char par des chevaux marins (95 et 96). 2 p. Très-belles épreuves.
32. — Quatre nymphes assises avec deux dieux marins autour d'un rocher (173). Belle épreuve.
33. — Mercure. — Silène sur son âne. — La Coupe de Joseph trouvée dans le sac de Benjamin, par un anonyme. 3 p.

BOSSE (A.).

34. — L'Infirmerie de l'hôpital de la Charité. — Les dames à table en l'absence de leurs maris. — L'Imprimeur. — L'Enfant prodigue. — Les Vierges sages et folles. 6 p.

BOTH (J.).

35. — Paysages en hauteur et en largeur. 11 p.

BOURDON (S.).

36. — La Vierge à l'écuelle (R. D. 12), premier état. — Sainte Famille et sainte Catherine (19). — Les pauvres au repos (31). 3 p. Belles épreuves.

BAUR (W.), N. PÉRIGNON & FABER.

37. — Douze petits paysages et sujets d'animaux gravés à l'eau-forte.

CALLOT (J.).

38. — Les misères de la guerre (n°s 1, 4, 6, 9, 12, 14 et 16). 7 p. à toutes marges.

39. — Diverses vues de Florence. Suite de 12 p. Belles épreuves avec toutes marges.

40. — La Noblesse. — Le Christ et les apôtres. — Le Massacre des Innocents, etc. 33 p.

CANTARINI (Simon), dit LE PÉZARÈSE.

41. — Saintes Familles. — Saint Jérôme. — L'Enlèvement d'Europe. 9 p.

CANALETTI (G.).

42. — Vues de Venise. — Trois sujets, par Tiepolo. 7 p.

CARPI (Hugo da).

43. — Ananie frappé de la mort. — La Pêche miraculeuse. — David coupant la tête à Goliath. — La Résurrection. — La Sibylle, 5 p. d'après Raphaël. Belles épreuves.

CARRACHE (Annibal).

44. — L'Adoration des Mages. — La Vierge à l'écuelle.

— La Vierge à l'oiseau. — La Pentecôte. — Sainte Madeleine. 5 p.

CARRACHE (Les).

45. — Le Christ en croix. — La Sainte Famille. — La Vierge aux anges. — La Vierge à l'écuelle. — Satyre surprenant une nymphe. — Pan dompté par l'Amour. 6 p.

COCHIN, d'après.

46. — J.-S. Chardin. — Diderot. — D'Alembert. — Pierre. — M. Charles, aéronaute, par Miger. 6 p.

COYPEL (A.).

47. — Démocrite. — Aymon Ier. 2 p. Belles épreuves.

CUYP, OSSENBEECK, ROOS & AUTRES.

48. — Sujets d'animaux. 12 pièces.

DAVEN (L.).

49. — Jupiter pressant les nuées, d'après le Primatice (B. 54). Belle épreuve.

DE FREY (J.).

50. — Pie VII. — Martin Tromp. 2 p.

DELAULNE (S.).

51. — Cinq copies d'après Marc-Antoine Raimondi. — Léda, d'après Michel-Ange et autres. 9 p. Belles épreuves.

DENON (D.-V.).

52. — Portrait des frères de Wael, d'après Van Dyck. Belle épreuve.

DUCHANGE (G.).

53. — Mademoiselle Le Gras, fondatrice de la compagnie des Filles de la Charité, in-fol. Belle épreuve.

DUJARDIN (K.).

54. — Quarante-deux pièces de son œuvre; plusieurs sont anciennes d'épreuves.

DURER (Albert).

55. — L'Oisiveté (B. 76). Belle épreuve.

56. — La Vierge embrassant l'enfant Jésus. — La Vierge couronnée par un ange. — La Vierge au singe. — La Sainte Famille, à l'eau-forte. — Saint Christophe. — La Mélancolie. — Les Trois paysans. — Le Cheval de la mort. 7 p.

57. — Sujets de la petite Passion. 5 p.

58. — Vierges, pièces de la Passion, etc. 11 copies.

59. — Sujets de la grande et de la petite Passion, de la vie de la Vierge, etc. 19 p. gravées sur bois.

DUVIVIER (G.).

60. — Cuisine flamande (R. D. 5). — Tentation de saint Antoine, pièce inconnue à R. Dumesnil, et plus petite que celle qu'il a décrite sous le n° 3 de l'œuvre.

DYCK (Ant. Van).

61. — Jean et Pierre Breughel. — Judocus de Momper. — Snellinx. — Érasme. — Suttermans. — Van Dyck. — Triest. — Paul de Vos. — Fr. Junius. 10 p. Belles épreuves.

DYCK (Ant. Van), d'après.

62. — Le marquis de Mirabelle, par Bloteling. Très-belle épreuve.

63. — P. de Jode. — Ch. de Mallery. — Van Milder, par Vosterman. — Van Voerst, par lui-même. — Vander Geest, par Pontius. — Adam Coster, par P. de Jode. 6 p. Belles épreuves.

64. — Les comtesses de Carnavaen, de Middlesex et de Devonshire, par Lombart, Jean Malderus, Jordaens, Th. Rogiers, etc. 11 p.

EARLOM (B.).

65. — Agar dans le désert, d'après le Corrége. Belle épreuve avant la lettre.

ÉCOLE ALLEMANDE.

66. — Sujets par Beham, Aldegraver et G. Pentcz. 9 p.

ÉCOLE HOLLANDAISE.

67. — Huit paysages avec ruines, gravés dans le goût de B. Breemberg.

68. — Sujets tirés des galeries Lebrun, du duc de Choiseul et du Palais-Royal. 60 p., dont 16 avant la lettre.

ÉCOLE ITALIENNE.

69. — Le Jugement dernier, par Martin Rota. — Junon, par Suavius. — Sainte Famille, d'après le Parmesan, etc. 15 p.

EVERDINGEN, VAN UDEN, WTENBROCK, ALMELOVEN & AUTRES.

70. — Dix paysages.

FIRENS (P.).

71. — Henri IV guérissant les écrouelles. Très-belle épreuve.

FLAMEN (Albert).

72. — Différents oiseaux (R. D., 390 à 393, 396, 400 et 401). 7 p. Très-belles épreuves du premier état avant les numéros; plus les numéros 396 et 400 en doubles avec des entourages d'animaux et de feuillages; état non décrit par Robert Dumesnil.

73. — Vue du Port-à-l'Anglais. — Vue de Conflans, du côté d'Ivry. — Vue du Peray, du côté de Corbeil. — Le village de Chastillon. 4 p.

74. — Différents poissons. 11 p.

FRAGONARD.

75. — Six pièces gravées à l'eau-forte.

FYT (Jean).

76. — Titre de l'œuvre : Chiens de chasse sortant d'un bâtiment. (B. 1 et 2). Belles épreuves.

GAULTIER (L.).

77. — Les heureuses et fatales devises de monseigneur le dauphin et de Madame, fille unique de Henri IIII, roi de France et de Navarre. Rare.

78. — Petite vue générale de Paris (*Lutetia urbs Parisiorum*).

GELÉE (Claude), dit LE LORRAIN.

79. — La Fuite en Égypte. (R. D., 1.) Belle épreuve du deuxième état.

80. — La Tempête (5). Belle épreuve du quatrième état.

81. — La Danse au bord de l'eau (6). Très-belle épreuve du deuxième état.

82. — Le Naufrage (7). Très-belle épreuve.

83. — Le Bouvier (8). Belle épreuve du troisième état.

84. — Le Dessinateur (9). Très-belle épreuve.

85. — La Danse sous les arbres (10). Belle épreuve du troisième état.

86. — Le Port de mer au fanal (11). Deux épreuves.

87. — Scène de brigands (12). Belle épreuve.

88. — Le Port de mer à la grosse tour (13). Très-belle épreuve du deuxième état.

89. — Le Pont de bois (14). Très-belle épreuve du deuxième état.

90. — Le Soleil couchant (15).

91. — Le Départ pour les champs (16). Très-belle épreuve.

92. — Le Chevrier (19). Belle épreuve.

93. — Le Campo-Vaccino (23). Contre-épreuve.

94. — Les deux paysages (40). Belle épreuve avec une petite marge.

GENOELS (A.).

95. — L'Ouragan (W. 97). Pièce rare. — Elle est retouchée à la plume et lavée d'encre de Chine par le maître.

GHISI (Les).

96. — Plafonds d'après le Primatice. — Hercule assis près de Déjanire. — Trois Amours sur des dauphins. 5 p.

97. — La Dispute du Saint-Sacrement. — Trois sujets des angles de la chapelle Sixtine, etc. 11 p.

GOUDT, ZEEMAN & AUTRES.

98. — Tobie et l'Ange. — Marines et paysages. 20 p.

HAEFTEN (Nicolas Van).

99. — Le docteur de l'urine (W. 19). Belle épreuve.
100. — Repas des trois commères (W. 22).

HOLLAN (W.).

101. — Henriette-Marie, reine d'Angleterre, d'après Van Dyck. Très-belle épreuve de la planche non terminée.

102. — Deux portraits de l'Arétin, vu de face et de profil, d'après le Titien. Belles épreuves.

103. — Angle de plafond d'après J. Romain. — Caricatures d'après Léonard de Vinci. 14 p.

JORDAENS (J.).

104. — Jupiter nourri par la chèvre Amalthée. — Mercure et Argus. 2 pièces.

LAGNIET, genre de.

105. — Les Proverbes du temps. Pièce curieuse.

LECLERC (J.).

106. — La Galerie de l'hôtel des Gobelins. — Le

Puer parvulus, épreuve avant la lettre. 2 p. Belles épreuves.

LEU (Th. de).

107. — Don Petrus Arlensis de Scudalpis, in-8°. Belle épreuve.

108. — Henri IV en cuirasse sous un portique, in-4°. Belle épreuve.

109. — François Ier. — François II. — Jean de Bourbon, comte d'Enghien. — Louis de Lorraine, cardinal de Guise. Deux différents portraits. 5 p. in-8°.

LEYDE (L. de).

110. — Portraits de L. de Leyde, gravés par lui-même. 2 p.

111. — Saint Jérôme. — Deux sujets de la petite passion. — La Mort d'Abel. — Lameth et Caïn. — Le Couronnement d'épines. — La Laitière, etc. 15 p. originales et 7 copies.

LIVENS (Jean).

112. — Saint François assis dans une grotte (Cl. 6). Belle épreuve.

MAAS, RÉCLAM & AUTRES.

113. — Cavalier. — Paysages. 7 pièces gravées à l'eau-forte.

MAITRE AU DÉ.

114. — Les Tapisseries du pape. — La Bataille. — Énée sauvant Anchise. — Fête au dieu Pan ; etc. 9 p.

115. — Sujets des Amours de Psyché. 12 p.

MAITRE AU MONOGRAMME J. G.

116. — La flagellation (R. D., 4). Très-belle épreuve avec une petite marge.

117. — Le jeune saint Jean-Baptiste (R. D., 9). Très-belle épreuve avec une petite marge.

MANTEGNA (Andrea).

118. — La Sépulture (fragment). — Le Sénat de Rome accompagnant un triomphe. — Les soldats portant des trophées. — Hercule étouffant Antée (B. 3, 11, 13 et 16). 4 p. Elles sont doublées et mal conservées.

MATSYS (C.).

119. — Les Amours de Mars et Vénus. — La Nativité, par Beccafumi. — Ganymède. — La Résurrection. 4 pl.

MAZZUOLI (Fr.), dit le Parmesan.

120. — L'Annonciation. — La Nativité. — La sainte Vierge. — La Sépulture. — La Résurrection. — Le Berger debout. — Sainte Thaïs (B. 2, 3, 4, 5, 6, 10, 12). 7 p.

121. — La Mise au tombeau. — Le Berger debout, par le Parmesan. — Les Musiciens. — Portrait de M. Provenzalis, par le Padouan. — Saint François, par le Baroche, etc. 9 p.

MECKEN (Is.).

122. — La Naissance de Jésus-Christ (B., 35). Elle est doublée et rognée tout autour.

MILLET (F.), d'après.

4.50   123. — Deux paysages en hauteur et un en largeur.

MOREAU, d'après.

1.25   124. — Les quatre Évangélistes, sujets pour la passion. 10 vignettes avant la lettre.

MORGHEN (R.).

1 8   125. La Fornarina, d'après Raphaël. Belle épreuve.

MORIN (J.).

1 9   126. — Arnauld d'Andilly (Robert), d'après Ph. de Champagne. Belle épreuve avec grandes marges.

NANTEUIL (R.).

5.50   127. — Les Évangélistes. Trois épreuves, deuxième, troisième et quatrième états.

1.50   128. — Christine de Suède. — Le cardinal de Retz. — Sarrazin et autres. 5 p.

NEYTS (G.).

5.50   129. — Le Petit-Pont (B., 5.) Belle épreuve.

OSTADE (Adr. Van).

3 f   130. — Le Fumeur à la fenêtre. — La tendresse champêtre. — Fête sous la treille. — La Grange. — Le Charlatan et autres. 14 pièces.

PASQUALINUS & AUTRES.

6.50   131. — Saint Luc. — La Vierge et l'enfant Jésus. — Les Disciples d'Emmaüs. — Jésus remettant les clefs à saint Pierre. — Le Martyre de saint André, par F. Mola. — Sainte Famille, par J. Impériale. — Saint Luc faisant le portrait de la Vierge, par C. Maratte, etc. 9 p.

PESNE (Ant.).

132. — L'Enlèvement de saint Paul, d'après le Poussin. — Sainte Françoise, par G. Audran. — Judith, par Ant. Coypel. 3 pièces.

133. — Deux différents portraits du Poussin, d'après lui.

PESNE & MASSON.

134. — La Mort de Saphire, premier état. — Les Disciples d'Emmaüs, d'après le Titien. 2 p.

PLATTE-MONTAIGNE (N. de).

135. — François Ier, d'après Clouet. Belle épreuve.

POILLY (Fr.).

136. — Anne de Rohan, princesse de Guéménée, in-fol. Belle épreuve.

PONTIUS (P.).

137. — Daniel Segers, d'après J. Livens. Très-belle épreuve.

POTTER (Paul).

138. — Le Vacher. — Différents sujets d'animaux. 12 p.

RAIMONDI (Marc-Antoine).

139. — Le Massacre des innocents. (B., 20). Très-belle épreuve; mais elle est doublée et mal conservée; avec la copie, par J. Binck. 2 p.

140. — La Vierge assise sur des nues. (52.) Copie par un anonyme, avec deux têtes de chérubins, par Aug. Carrache.

141. — La Vierge au berceau. (B., 63), et la copie A. 2 p.

142. — Jupiter embrassant l'Amour. — Mercure descendant du ciel. — Cupidon et les Trois Grâces. (B., 342-344.) 3 p. pour la galerie Ghigi; une est doublée et les deux autres sont mal conservées.

143. — Mars, Vénus et l'Amour. (B., 345.)

144. — La Poésie. (382.) Belle épreuve; elle est restaurée et doublée.

145. La Nativité. — Cléopâtre. — Didon. — Pallas. — La Jeune mère s'entretenant avec deux hommes. — Vénus et l'Amour portés sur des dauphins. 6 p.

146. — David vainqueur de Goliath. — Les deux femmes au zodiaque. — Mars, Vénus et l'Amour. — Le Faune. — La Peste, etc. 7 p.

147. — Le Jugement de Pâris. — Le Triomphe. — L'Enlèvement d'Hélène, par Marc de Ravenne. 3 p.

148. — Dieu ordonnant à Noé de bâtir l'arche (copie). — Saint Paul prêchant à Athènes. — La Pentecôte. — La Vierge au poisson. — Martyre de sainte Félicité. — Alexandre faisant serrer les livres d'Homère, et le Jugement de Pâris, par Marc de Ravenne. 7 p.

149. — Dieu ordonnant à Noé de bâtir l'arche. — La Vierge à la longue cuisse. — La Descente de croix. — Le Martyre de sainte Félicité (3, 32, 57 et 117). 4 p. doublées et mal conservées.

150. — Le Martyre de saint Laurent et de sainte Félicité. — Descente de croix. — La Cène, etc. 9 p, par Marc-Antoine et Marc de Ravenne.

151. — Les Muses. — Orphée assis, etc. 17 p.

152. — Élymas aveuglé par saint Paul. — Le Portement de croix. — La Carcasse. — L'homme au drapeau. — Danse de faunes, etc. 7 pièces par A. Vénitien.

153. — La Vierge faisant lire un enfant. — Junon, Cérès et Psyché. — Vénus se retirant une épine du pied. — Vénus blessée. 4 p. par Marc de Ravenne.

154. — Le Christ et les apôtres. — La Vierge à la longue cuisse. — Le Triomphe de Galatée. — L'Enlèvement d'Hélène. 25 p. par Marc de Ravenne.

155. — La Vendange. Belle copie dans le sens de l'original.

156. — Les trois paysans. — Le Seigneur et la dame. Sujet de la vie de la Vierge. — Le Vieillard et le Jeune homme endormi. — Le Paysan du marché; copies d'après A. Durer. — Amadée, cop. par C. Bos. — Vénus sortant du bain. — Portrait de Raphaël (cop.). 8 p.

157. — La Vierge au palmier. — La Vierge au poisson. — Sainte Cécile. — La Madeleine aux pieds du Christ. — Cléopâtre. — Didon. — La Cassolette, etc. 14 copies.

REMBRANDT VAN RHYN.

158. — Portrait de Rembrandt avec le chapeau orné d'une plume, avec l'écharpe autour du cou, et quatre différents petits. 6 p.

159. — Joseph et la femme de Putiphar. (Cl., 43). — Femme nue assise sur une butte. (198.) 2 p.

160. — La Vierge et l'enfant. Jésus sur des nuages. (Cl., 65.) Belle épreuve.

161. — La Petite tombe. (Cl., 71.) Belle épreuve.

162. — Le Petit orfévre. (123). — La Faiseuse de couques. (124). — La Femme à la calebasse. (165.) 3 p. Belles épreuves.

163. — Jeune homme assis et réfléchissant. (Cl., 265.) Très-belle épreuve.

164. — Portrait de Faustus. (267.) — Abraham France. (270.) 2 p.

165. — Homme à bouche de travers. (Cl., 301.) Très-belle épreuve. Collection Poggi.

166. — Vieille femme coiffée à l'orientale. (Cl., 338.) Belle épreuve.

167. — Abraham avec son fils Isaac. — Jésus au milieu des docteurs. — Les Disciples d'Emmaüs. — La Descente de croix. — Le Retour de l'Enfant prodigue. 5 p.

168. — L'Ange qui disparaît devant la famille de Tobie. — Le Triomphe de Mardochée. — L'Annonciation aux bergers. — L'Adoration des bergers. — La Circoncision. — La Samaritaine. — Jésus au jardin des oliviers. 7 p.

169. — Gueux et gueuse causant. — La Femme à la calebasse. — Gueux dans le goût de Callot. — Le Paysan et sa famille. — Vieux mendiant assis. — Le Dessinateur d'après le modèle. 6 p.

170. — Gueux dans le goût de Callot. — Gueux appuyé sur son bâton. — Gueux et gueuse causant. — Trois figures orientales. — Saint Jérôme.

— La Médée. — Le Dessinateur d'après le modèle. Pierre et Jean à la porte du temple. 8 p.

171. — L'Abreuvoir de la vache. — Tête de la mère de Rembrandt. — Vieille femme assise. — Vieille dormant. — Vieillard à barbe blanche. — Trois têtes de femmes, dont une qui dort. — Le grand Coppenol. 7 p.

172. — Homme à bonnet fourré et à barbe blanche. — Jean Lutma. — Le grand Coppenol. — Cl. de Jonghe. 4 p.

173. — Buste de jeune femme par F. Bol. — Tête de vieillard, par Koninck. — Bustes d'hommes, par J. Livens et Van Uliet. 6 p.

174. — Paysages. 17 copies.

RIBERA (J.).

175. — Saint Jérôme. — Saint Pierre. (B., 2 et 7.) Belles épreuves.

176. — Le Martyre de saint Barthélemy. — Saint Pierre. (B., 6 et 7). 2 p.

177. — Le Poëte. — Le Satyre fouetté. — Étude d'oreilles. (B., 10, 12 et 14). 3 p. Belles épreuves.

ROSA (S.) & AUTRES.

178. — Soldats. — Sujets de plafonds, par Badolocchio, etc. 26 p.

RUBENS, VAN ULIET, P. NOLPE & AUTRES.

179. — La Madeleine. — Paysans. — Portraits, etc. 15 p. gravées à l'eau-forte.

RUBENS, d'après.

180. — Le denier de César, par Vosterman. — Sainte Famille et l'Érection en croix, par S.-A. Bolswert. 3 pièces.

RUBENS & VAN DYCK, d'après.

181. — Suzanne et les vieillards, par Pontius. — Silène, par Jegher. — Le Christ mort, par Vosterman et autres. 6 p.

RUYSDAEL (J.).

182. — Le Petit-Pont. — La Chaumière au sommet de la colline. Trois épreuves. (B., 1 et 3.) 4 p.

SCHENAU (H.).

183. — Trois petites feuilles d'études de têtes. — Huit feuilles de diverses têtes d'animaux par J.-B. Huet. — Têtes de différents caractères, par Gillot. 12 p.

SCHMIDT & DE FREY.

184. — La Présentation au temple, d'après Dietricy. — Portraits d'hommes, d'après Rembrandt et Koninck. 5 p. Belles épreuves.

SILVESTRE (Is.).

185. — Maison abbatiale de Saint-Germain-des-Prés. — Vue de l'hôtel de Sully. — Vue du fort de Meulan. — Cinq vues de Lyon, Fontainebleau et Tanlay. 9 p.

STOOP (D.).

186. — Différents chevaux. Plusieurs doubles, le n° 1 est avant le n° —. 15 p.

SUYDERHOEF (J.).

187. — Wikenburgi, d'après F. Hals. Belle épreuve.

SWANEVELT (H.).

188. — Vingt paysages. Belles épreuves; onze sont avec l'*excudit*.

189. — Lot de vingt-six paysages.

TRENTE (Antoine de).

190. — La Sibylle tiburtine, d'après le Parmesan. — La Sibylle, par Hugo da Carpi. — Diogène. — La Vierge et l'enfant Jésus. — Judith, par B. Coriolan, etc. 8 p.

VANDER CABEL, RECLAM, DIETRICY & AUTRES.

191. — Paysages gravés à l'eau-forte. 19 p.

VICO (E.).

192. — Le Combat des Lapithes. — Lucrèce. — Les Muses et les Piérides. — Fuite en Égypte, par Caraglio, etc. 6 p.

VISSCHER (C.).

193 — La faiseuse de beignets. — La Bohémienne. — Combat de cavalerie. — Le grand chat. — La halte, par Jean Visscher. 5 pièces.

VISSCHER (C. & L.).

194. — Différents animaux d'après Berghem. 20 p.

VOUET (S.).

195. — La Sainte Famille. — Marie priant le Seigneur, par Verdier. — Saint Paul, par L. Lahire.

— Saint Jérôme, par Restout. — Homme assis, par Lagrenée. 5 p. Belles épreuves.

WAEL (J. de).

196. — Sujets mêlés de figures et d'animaux. 5. p.

WAILLANT (W.).

197. — Le Fumeur tenant un vase rempli de feu. Pièce gravée en manière noire.

WATERLOO (Ant.).

198. — Onze grands paysages.

199. — Vingt-trois petits paysages. Plusieurs sont anciens d'épreuves.

WILLE (J.-G.).

200. — Maurice de Saxe, d'après Rigaud. Belle épreuve.

WOERIOT (Pierre).

201. — Phalaris. (205.) Vase et sujet de la Toison d'or, par R. Boyvin. 3 p.

WYCK (Th.).

202. — La Fileuse au fuseau. (B., 1.) Belle épreuve. — La Couseuse. (3.) — Cheval, par Verboeckoven. 3 p.

PORTRAITS.

203. — Adrienne Lecouvreur, par Drevet. — Madame de Pompadour, par Watson. — Marquis Damers, par Schiavonetti, etc. 7 p.

204. — P. Dupuis, par Masson. — Fléchier et Savary, par Edelinck. — Rousseau, par Schmidt. — Linné, par Bervic. — 5 p. Belles épreuves.

205. — Ant. Arnauld, par Edelink. — Mabillon, par Loir. — L'abbé Prévost et autres. 8 p.

206. — Guil. Tolousæ, avocat. — P. Émery, imprimeur. — La Peyrouse. — Ph. d'Orléans et autres. 8. p.

207. — Grétry, d'après Isabey, par Simon, avant la lettre. — Bichat, par Tavernier, avant la lettre. — Montaigne, par Ficquet. — Mirabeau. — Malouet. — Chenart, etc. 8 p.

208. — Constanters, par Bloteling. — Charles V, par Vosterman. — Jean de la Chambre, par Holsteyn. — Jean Visscher, 4 p. Belles épreuves.

209. — Westerbaen, par C. Visscher. — Vandersburchius, par Holsteyn, etc. 4 p.

210. — Ph. Wouvermans, par Dupuis. — Carondelet, par Larmessin, etc. 6 p.

ESTAMPES DE L'ÉCOLE FRANÇAISE

DU XVIIIᵉ SIÈCLE.

BAUDOUIN, d'après.

211. — Le lever de la mariée; gracieuse composition avant la lettre.

212. — Le carquois épuisé, par De Launay. Belle épreuve.

BAUDOUIN & AUTRES, d'après.

213. — La soirée des Tuileries. — Les désirs réciproques. — Le lever de la mariée. — Le couronnement de Voltaire. 4 p.

BONNET, JANINET & AUTRES.

214. — Le repos de Cérès. — Mère et ses enfants devant leur porte. — Le seigneur chez son fermier. — La poupée, etc. 8 p. imprimées en couleur.

BOUCHER, d'après.

215. — Sujets pour la comédie de Molière, vignettes. 19 p.

BOUCHER & AUTRES, d'après.

216. — La Cochette. — Le Calendrier des vieillards. Vénus et l'Amour, etc. 12 p.

CHARDIN (J.-B.-S.), d'après.

217. — Le Dessinateur, par J.-J. Flipart. Très-belle épreuve avant la lettre. Rare.

218. — Le garçon cabaretier. — La petite fille aux cerises. 2 p. à l'eau-forte.

219. — Étude du dessin, par Le Bas. Belle épreuve.

220. — L'Économe, par Le Bas. Belle épreuve.

221. — La Fontaine, par Cochin. Belle épreuve.

222. — La Pourvoyeuse, par Lépicié. Belle épreuve avec l'adresse de l'auteur.

223. — L'Écureuse. — Le garçon cabaretier, par Cochin. 2 p. Belles épreuves.

224. — La Gouvernante. — Le Bénédicité, par Lépicié. 2 p. Belles épreuves.

225. — La Mère laborieuse. — Le Bénédicité, par Lépicié. 2 p. Belles épreuves.

226. — La Maîtresse d'école. — Le Château de cartes, par Lépicié. 2 p. Belles épreuves.

227. — La Pourvoyeuse. — La Mère laborieuse. — La Blanchisseuse, etc. 8 p.

COCHIN (Fils).

228. — Le Château de cartes; épreuve avant la lettre. — L'Enfance. 2 p.

DE BUCOURT.

229. — Le Compliment ou la Matinée du jour de l'an, pièce imprimée en coul. Belle épreuve.

DE BUCOURT, genre de.

230. — La Visite au grand papa. — Pièce imprimée en couleur. Belle épreuve avant la lettre.

DEMARTEAU ET BONNET.

231. — Sujets aux trois crayons et au crayon rouge, d'après Boucher. 24 p.

FREDOU (J.-M.).

232. — Source des grâces. (P. de B., T. 1, P., 83.) Belle épreuve avec marge.

GREUZE, d'après.

233. — La bonne éducation, par Moreau le jeune. Belle épreuve avant la lettre.

234. — Le petit Napolitain, par Ingouf. Belle épreuve.

235. — Retour de la nourrice. — La marchande de poisson. — Jeune fille faisant une pelote de laine. 3 p. Belle épreuve.

236. — La vertu chancelante. — Les Sevreuses. — Le Père aveugle. — La lecture de la Bible. 4 p.

237. — La petite fille au chien et la petite fille à la poupée, par Ingouf. — Jeune fille lisant, par Boizot. — La Dame de charité, par Massard. — Jeune fille dans la réflexion. — Tête de jeune garçon. Ces deux dernières avant la lettre. 6 p. Belles épreves.

LANCRET, d'après.

238. — Le berger indécis. — La belle Grecque. — Le Turc amoureux. 3 p. Belles épreuves avec marges.

NATOIRE, COYPEL & LECLERC, d'après.

239. — Les quatre éléments. — Les quatre saisons, etc. 13 p.

PATER & LANCRET, d'après.

240. — La Pintresse. — Le Baiser rendu. — Le Glouton. — Les charmes de la conversation. — Le jeu de cache-cache mitoulas. 5 p.

WATTEAU (Ant.).

241. — La troupe italienne. Belle épreuve avec l'adresse de Sirois. —

242. — Figures de modes; suite de 7 p. dont 4 d'hommes et 3 de femmes. Belles épreuves avec grandes marges; excepté le n° 4 qui est un peu plus petit; le n° 6, la femme marchant au fond est double et de premier état; plus 4 autres petits costumes d'après lui. 12 p.

WATTEAU (Ant.), d'après.

243. — La Famille, par Aveline. Belle épreuve avant la lettre avec marge.

244. — L'occupation selon l'âge, par Dupuis; épreuve avant la lettre. — Galatée sur les eaux, par P. Mercier. 2 p.

245. — Les Champs-Élysées, par Tardieu. Belle épreuve.

246. — Le Conteur, par Cochin. Belle épreuve.

247. — Le Bosquet de Bacchus, par Dupuis. — Le Sommeil dangereux, par Liotard. 2 p.

248. — L'Amour au théâtre italien. — Le Printemps. — Mezetin, etc. 6 p.

249. — Livre de différents caractères de têtes. — Spectacle français. — Étude d'après ses dessins, etc. 52 p.

LITHOGRAPHIES
ET EAUX-FORTES MODERNES

BLERY & MERYON.

250. — Paysages et vues de Paris. 10 p.

BONNINGTON (R.-P.).

251. — Cathédrale Notre-Dame. — Entrée de la salle des Pas-Perdus. — Fontaine de la Crosse, à Rouen. — Église Saint-Sauveur. — Maison Grande-Rue Saint-Pierre, à Caen. — Château d'Harcourt, à Lillebonne. — Trois pièces du Voyage en Écosse. — Le Retour. — La Prière. — Le Silence favorable. — La Conversation et le Repos. 14 p.

CHARLET (N.-T.).

252. — L'acteur Odry. (L. C., 3.)
253. — Colonne d'infanterie en marche. (27.)
254. — Les Invalides à la pêche. (30.) Rare.
255. — Appel du contingent communal. (90.) Rare.
256. — Dragon de la garde impériale. — Cuirassier à pied. (120 et 124.); le dernier est colorié. 2 p. rares.

257. — Le Bulletin de Navarin. (701.) Rare épreuve avec un petit croquis dans la marge du haut.

258. — École de balayeurs. — L'aumône. — Le quartier général. — Le tailleur de pierre. 4 p.

259. — Grenadier à pied. — Officier de lanciers en grande tenue. — Grenadier à pied de la vieille garde. — Sapeur en grande tenue (colorié). — Infanterie légère française. — Carabinier. 5 p.

260. — Si le second rang est sage. — Adieu fils, je t'ai revu. — Soyez plutôt maçon. — La bonne petite fille. — Chut. — Le beau bras. 6 p.

261. — Croquis non achevés. — Sujets d'albums, etc. 33 p.

DECAMPS (A.-G.).

262. — Croquis par divers artistes. — Sujets de chasses. — La France pleure ses victimes. — Le Gardeur de porcs. — Corps de garde turc. 9 p.

DELACROIX (E.).

263. — La Panthère couchée. Très-belle épreuve d'eau-forte pure, avant le nom de l'artiste et l'adresse de Picot. Rare.

264. — Sujet pour l'histoire de Faust; épreuve avant la lettre.

265. — Marguerite à l'église. — Tigre royal. — Femme turque étendant du linge. 3 p.

GAVARNI.

266. — Le Carnaval à Paris. — Les Débardeurs et autres sujets tirés du *Charivari*. 66 p.

GÉRICAULT (J.-L.-A.).

267. — Debout sur un caisson, ouvert et démonté, en travers d'un pont, un artilleur, mèche allumée à la main, montre le poing à un groupe d'Anglais arrêtés à droite. Rare.

268. — Son portrait, par Devéria, d'après nature. — Les Boueux. — Hangar de maréchal ferrant. — Roulier montant une côte. (Ces trois pièces sont avec l'adresse de Mme Hulin.) — Cheval blanc que l'on ferre. — Chevaux anglais. — Napoléon au mont Saint-Bernard, etc. 11 p.

269. Études de chevaux d'après nature, publiés chez Gihaut. — Le Sanglier. — Charge de cavalerie, etc. 18 pl.

INGRES (J.-D.-A.).

270. — L'Odalisque. Belle épreuve avec toute marge.

INGRES, d'après.

2 1. — Portrait de M. Ingres, par Calamatta. Belle épreuve avant la lettre.

272. — Portraits de MM. Gatteaux, père et fils, par Dien.

273. — Le docteur L. Martinet. Belle épreuve avant la lettre sur Chine.

274. — Paganini, par Calamatta. — Bartolini, par Fournier et Potrelle. — Naudet fils, par C. Naudet. Dupaty, statuaire. 5 p.

PRUD'HON (P.-P.).

275. — Une famille malheureuse. Belle épreuve avant la retouche, sur chine.

PRUD'HON, d'après.

276. — Thémis. — Vénus et Adonis. — Vénus au bain. — Les quatre saisons, par Boilly. 4 p.

277. — Le Christ en croix. — Marguerite. — Adresse de la veuve Merlin. — La Caresse et l'égratignure. 5 p.

278. — Vignettes pour la République. — Daphnis et Chloé, etc. 13 p.

279. — Différentes études de têtes. — La Dévideuse. — La Fileuse. — L'Amour réduit à la raison, etc. 13 p.

RAFFET (D.-A.-M.).

280. — Napoléon à Bar-sur-Aube. — Entrée à Milan. — Napoléon debout. — Trois sujets d'album. — Barricade de la rue Saint-Antoine. — Tirez sur les chefs et les chevaux. — Trois sujets de la *Caricature*. — Feuille de croquis. 12 p.

VERNET (H.).

281. — Soldat jouant avec un enfant. — Talma. — Perlet. — Chasseur africain. — Chevaux sous un hangar. — Mameluck à cheval, par Gros. 6 p.

DIVERS.

282. — Sujets de la *Caricature* et autres, par Grandville et Desperet. 50 p.

283. — Sujets tirés de la *Caricature*, par Daumier et Philippon. 45 p.

284. — Un lot d'eaux-fortes et lithographies, par de Lemud, Jacques, Roqueplan, Prout, etc. 27 p.

285. — Soixante-deux *fac-simile* de dessins de grands maîtres, par MM. Desperet, P. Chenay, Leroy, Butavant.

286. — Quarante-six *fac-simile* de dessins d'après Raphaël.

287. — Quarante-six *fac-simile* de dessins d'après les maîtres de l'école italienne.

288. — Vingt-quatre *fac-simile* de dessins d'après Cl. Lorrain, tirés du *Liber veritatis*.

289. — Huit *fac-simile* de dessins d'après les maîtres hollandais, par Ploos Van Amstel.

290. — Quatre *fac-simile* d'après Ostade, gravés par Janinet.

291. Disegni di Leonardo da Vinci incisi e pubblicati da Carlo Giusuppe Gerli Milanese. 1 vol. in-fol. 71 pl.

292. — Choix de dessins de Raphaël qui font partie de la collection Wicar, à Lille, reproduits en *fac-simile* par MM. Wacquez et Leroy, gravés par les soins de M. le duc de Luynes. *Paris, Rapilly,* 1858, dem.-rel.

293 — Collection de dessins originaux de grands maîtres gravés en *fac-simile*, par Alp. Leroy, avec texte explicatif, par MM. Reiset et Villot, complète en 32 planches, dans un portefeuille.

294. — Galerie de la reine, dite de Diane, à Fontainebleau, peinte par Amb. Dubois en MDC, sous le règne de Henri IV, publiée par E. Gatteaux et Baltard. Paris, 1848, in-fol. 14 pl. avec texte.

295. — Sous ce numéro, il sera vendu, à la fin de chaque vacation, plusieurs lots d'estampes.

FIN.

www.ingramcontent.com/pod-product-compliance
Lightning Source LLC
Chambersburg PA
CBHW070300230526
45470CB00002B/659